Roland Bühs

# *Tafelzeichnen*
## *kann man lernen*

BERGMANN+HELBIG VERLAG
HAMBURG

# PB BUCH 6

CIP-Titelaufnahme der Deutschen Bibliothek
Bühs, Roland:
Tafelzeichnen kann man lernen / Roland Bühs. — 2. Aufl. —
Hamburg: Bergmann + Helbig, 1989
   (PB-Bücher; 6)
   ISBN 3-925836-05-5
NE: GT


© Bergmann + Helbig Verlag GmbH, Hamburg 1986
2. Auflage 1989
Umschlaggestaltung: Hannelore Adams
Satz: Agentur Pedersen GmbH, Braunschweig
Druck: poppdruck, Langenhagen
ISBN 3-925836-05-5

Die Reihe ‚PB-Bücher'
wird herausgegeben von der Redaktion
der Zeitschrift
PÄDAGOGIK

Johannes Bastian
Peter Daschner
Herbert Gudjons
Klaus-Jürgen Tillmann

BERGMANN+HELBIG VERLAG
HAMBURG

# INHALTSVERZEICHNIS

# Vorwort

Der Lehrgang ist nach folgenden Überlegungen aufgebaut:
Ausgangspunkt ist ein Lehrer, der das Tafelzeichnen lernen will, gleichgültig, ob er glaubt, genügend Begabung, Fertigkeiten usw. aufweisen zu können oder nicht. Mit anderen Worten: auch ein sogenannter „unbegabter" Kollege wird es mit Hilfe der hier vorgestellten Methode und den Übungen zu einem passablen Zeichner bringen.

Die Reihenfolge der Kapitel orientiert sich an der Wichtigkeit der einzelnen Motive und am Schwierigkeitsgrad.

Ich beginne also mit „Männchen", um erst später zu Tieren, Landschaften, Pflanzen und Schaubildern überzuwechseln. Sollten Sie nur an einem Teilbereich interessiert sein, lesen Sie bitte trotzdem die allgemeinen Zeichenhilfen (Kapitel 1).

Der zweite Teil des Buches beschäftigt sich mit den einzelnen Schulfächern. Hier sind allerdings noch zwei Kapitel über Diagramme, Schaubilder usw. vorangestellt, die diese „Sorte" der Tafelzeichnung zusammenfassend für Fächer wie z.B. Biologie, Physik, Gemeinschaftskunde erläutern. Sie sind daher jeweils den Kapiteln der einzelnen Schulfächer zuzuschlagen.

Für die einzelnen Fächer war es natürlich nicht möglich, die wesentlichen Inhalte per Zeichnung darzustellen. Ich habe deshalb versucht, einige wichtige Bereiche abzudecken, beispielsweise in der Physik die Apparate und den Versuchsaufbau. Zusätzlich gibt es noch einige Zeichnungen, die exemplarisch verdeutlichen sollen, welche Möglichkeiten die Tafelzeichnungen in dem jeweiligen Fach noch bieten.

Die Kapitel zu den naturwissenschaftlichen Fächern sind so verfaßt, daß sie — soweit möglich — einander ergänzen und sollten deshalb auch als Einheit gelesen werden.

Die Sprachen sind folgendermaßen dargestellt: Das Kapitel Deutsch beinhaltet eine ganze Reihe von Aspekten, die sich mit denen anderer Sprachen (z.B. im literaturwissenschaftlichen Bereich) decken und sind nur dort nachzulesen. Der französische Teil behandelt schwerpunktmäßig sprachliche Besonderheiten und grammatikalische Phänomene, und der Englisch-Teil bietet Anregungen für die Verwendung kommunikations-fördernder Elemente im Unterricht. Kurz: auch diese Kapitel sind als einander ergänzend zu lesen.

Die gesellschaftswissenschaftlich orientierten Fächer habe ich am Beispiel Sozialwissenschaften dargestellt, da für dieses Fach eine Fülle von fachübergreifenden Aspekten vorliegt.

Generell ist dieses Buch als Lehrgang konzipiert, mit dem Sie das System der Tafelzeichnung schrittweise anhand der vorgeschlagenen Übungen erlernen können. Natürlich können und sollen Sie auch die Zeichnungen kopieren, an ihnen üben. Im Mittelpunkt stehen jedoch die methodischen Ansatzpunkte der Tafelzeichnung, die es Ihnen in der Praxis erlauben werden, auch Motive zu zeichnen, die hier nicht „vorgezeichnet" werden. Dieser Zeichenkurs enthält keine direkten Hinweise für Sachzeichnen, also etwa für die Wiedergabe von Landkarten oder biologischen Präparaten. Dafür kann man mit diesem Kurs natürlich das Zeichnen von Comics, Illustrationen auf Arbeitsbögen usw. lernen.

Ich danke an dieser Stelle Prof. Dr. Dr. Wolfram Schroer, allen Kolleginnen und Kollegen des Wissenschaftlichen Instituts für Schulpraxis und des Gymnasiums an der Kleinen Helle, Bremen, die geduldig meine Fragereien über sich ergehen und mir wichtige Hinweise zukommen ließen und meinem Vater für die Durchsicht der Manuskripte.

# Das System

**Zuerst der Kopf:** schwierige Teile zuerst

**Profil nach links:** entspricht der natürlichen Strich-lage (Rechtshänder)

**Kopf groß:** besser zu erkennen

**Klare Striche:** einfacher und schneller

**Hand groß:** besser zu erkennen

**schwierig:** das Kinn wird versteckt

**schwierig:** die Hand wird versteckt

**Profil:** keine Ver-kürzungen, keine Symmetrie notwendig

**Schwierig:** die Körperform wird im Mantel ver-steckt

**Füße groß:** besser zu er-kennen

**Boden:** unregelmäßig = natürlich

# 1 Zur Zeichnung

## Symbolhaftes und naturalistisches Zeichnen

Es gibt mehrere Arten der Zeichnung. Ich greife hier nur zwei heraus, um die Besonderheit der Tafelzeichnung zu verdeutlichen:

1. Die naturalistische Zeichnung
Hier kommt es darauf an, alle Details des abzuzeichnenden Sujets zu erfassen und möglichst proportional richtig z.B. auf das Papier zu bringen (Abb. 1).

2. Die Tafelzeichnung
Sie arbeitet mit anderen Mitteln. Hier geht es nicht darum, die besondere, individuelle Form eines speziellen Gegenstandes zu erfassen, sondern Motive so darzustellen, daß sie in ihrer reduzierten Form gut erfaßbar sind, weshalb man auf vereinfachte Formen, meist auf Symbole oder symbolhafte Formen zurückgreift (Abb. 2).

Die Tafelzeichnung wird also vom Betrachter im Sinne einer symbolhaften Zeichnung schnell gelesen und erhält von daher auch ihre spezifische Form:
— reduziert;
— symbolhaft;
— mit eindeutigen Zuweisungen versehen.

## Zur Zeichentechnik

Zeichnen lernen ist eine Frage der Übung und der Korrektur. Keiner erwartet von einem Tafelzeichner rembrandtsche Fähigkeiten; die Schüler sind schon für die kleinste Zeichnung dankbar.

Wie übt man für das Tafelzeichnen? Die Zeichenübungen enthalten immer zwei Elemente, nämlich das der Korrektur und das der Übung (das des Dazulernens natürlich auch).

— Zeichnen Sie nie zu klein: mit zu kleinen Zeichnungen verdeckt man seine zeichnerischen Unfertigkeiten und merkt nicht, was man falsch gemacht hat (Abb. 3).

— Zeichnen Sie nicht mit kleinen, fuzzeligen Strichelchen, das erscheint zwar leichter für einen Anfänger (weil man sich scheinbar langsam an eine Form herantastet), hält einen aber vom Zeichnen insofern ab, als man nie lernt, mit einfachen, schwungvollen Strichen schnell zu zeichnen und dann per Erscheinungsbild der Zeichnung korrigiert zu werden (Abb. 4).

— Üben Sie so oft wie möglich. Zeichnen ist eine erlernbare Fertigkeit.

— Lassen Sie sich nicht durch krumme Männchen, schiefe Striche usw. frustrieren. Diejenigen, die gar nicht zeichnen, sind noch schlechter dran.

— Üben Sie schnelle Zeichnungen, am besten von einfachen Vorlagen.

— Kopieren Sie, soviel wie Sie können, aus einfach gezeichneten Comics, Cartoons usw. Die Hersteller dieser Zeichnungen beherrschen das Geschäft und man kann von ihnen lernen (Abb. 5).

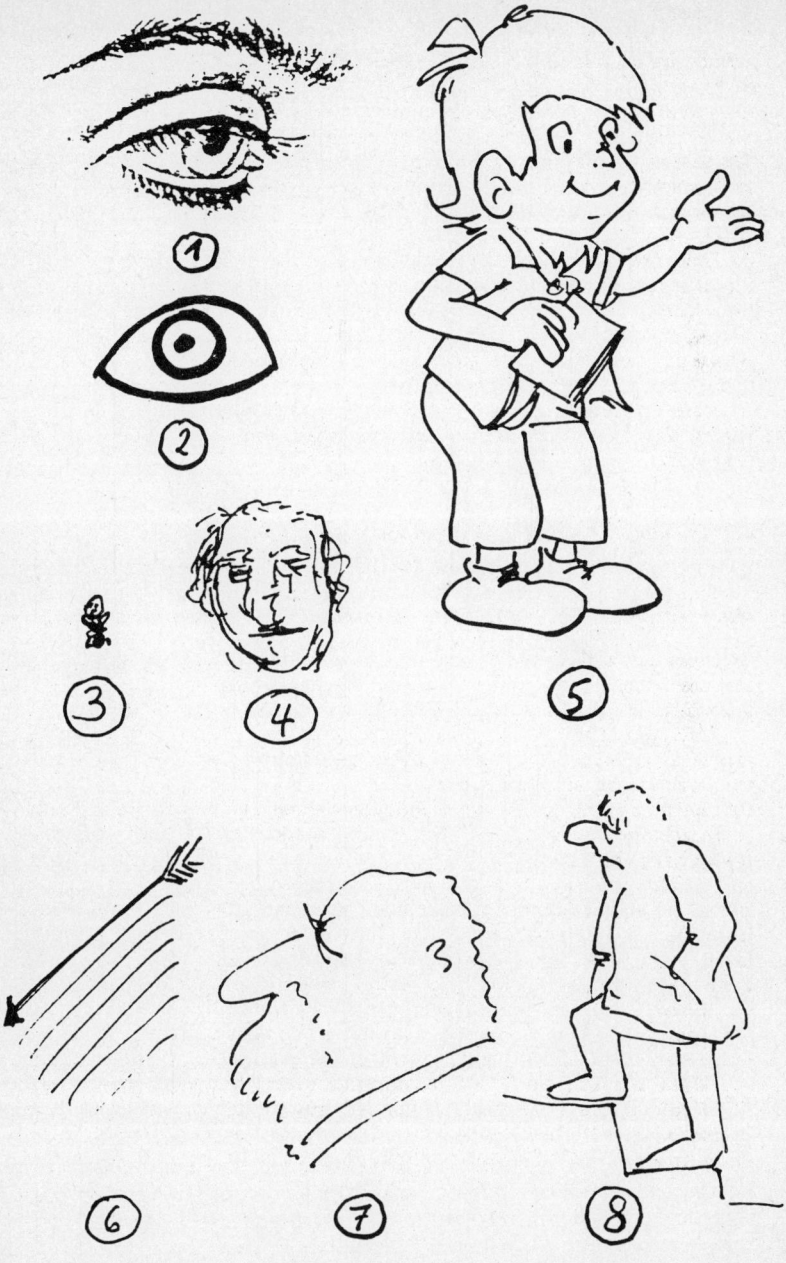

## Die Zeichentechnik im engeren Sinne

Fassen Sie die Kreide mit zwei Fingern fest an und zeichnen Sie mit durchgehenden Strichen.
Beachten Sie das Tafelformat:
— Die Zeichnung soll so groß sein, daß man sie vom letzten Platz des Klassenraumes erkennen kann.
— Bedenken Sie, ob nicht vielleicht ein Text hinzugefügt werden soll und lassen Sie entsprechend Platz.
— Halten Sie einen Schwamm zur Korrektur bereit.
— Zeichnen Sie das Bild schnell, aber nicht hastig: ein schnelles Bild, das nicht zu erkennen ist, nutzt nichts.


## Die Tricks

Es gibt eine ganze Reihe von Möglichkeiten, sich das Zeichnen zu erleichtern:
1. Zeichnen Sie immer von links nach rechts, das entspricht der natürlichen Strichlage (Linkshänder umgekehrt).
2. Zeichnen Sie zuerst die schwierigen Teile, ordnen Sie dann erst die leichten Teile zu. Es ist nämlich weitaus schwieriger, ein kompliziertes Detail anzupassen, als ein einfaches Teil. Beispielsweise ist ein Mann, der eine Treppe hinaufsteigt (Abb. 8), nur dann schwer zu zeichnen, wenn man zunächst die Treppe zeichnet. Dann muß man nämlich den Mann mit seiner komplizierten Haltung der Treppe anpassen. Leichter geht es andersherum: haben Sie den Mann erst einmal fertig (und das ist ohne die Berücksichtigung der Treppe nicht zu schwer), so können Sie die Treppenstufen problemlos der Schritthöhe anpassen (Abb. 14).
Die weiteren Tricks erläutere ich an einem Beispiel, das im Fremdsprachenunterricht Verwendung finden könnte: ein Mann steht vor einem Kiosk. Es gibt mehrere Möglichkeiten, das zu illustrieren. Sie können sich aber die Arbeit erheblich erleichtern, nämlich (Abb. 9):
3. Lassen Sie die Teile weg, die Sie nicht zeichnen können. Dazu zählen insbesondere Verkürzungen, die sehr schwierig zu zeichnen sind (Abb. 10). komplizierte Teile, die man oft durch einfache Details ersetzen kann.
4. Gestalten Sie die Ansichten möglichst im Profil. Alle 3/4 Ansichten oder Frontalansichten sind wegen der Verkürzungen meist schwierig zu gestalten (Abb. 11). Hinzu kommt, daß man bei Frontalansichten meistens mehr auf richtige Proportionen, Symmetrie usw. achten muß, was den Schwierigkeitsgrad der Zeichnung erhöht.
5. Stellen Sie die Motive möglichst flächig dar, d.h. auf einer Raumebene in den Raum. Die Motive sollten also möglichst etwa die gleiche Entfernung vom Betrachter des Bildes haben (Abb. 12). So vermeiden Sie von vornherein ungünstige Ansichten, Verzerrungen durch Verkürzungen, Überschneidungen.
6. Kaschieren Sie alle schwierig zu zeichnenden Teile durch Motive, die einfach zu zeichnen sind. So sollten Sie — soweit möglich — die Figuren so zeichnen, daß sie ihre Hände in den Taschen stecken haben (eine Tasche ist leichter als ein Finger zu zeichnen) (Abb. 13).

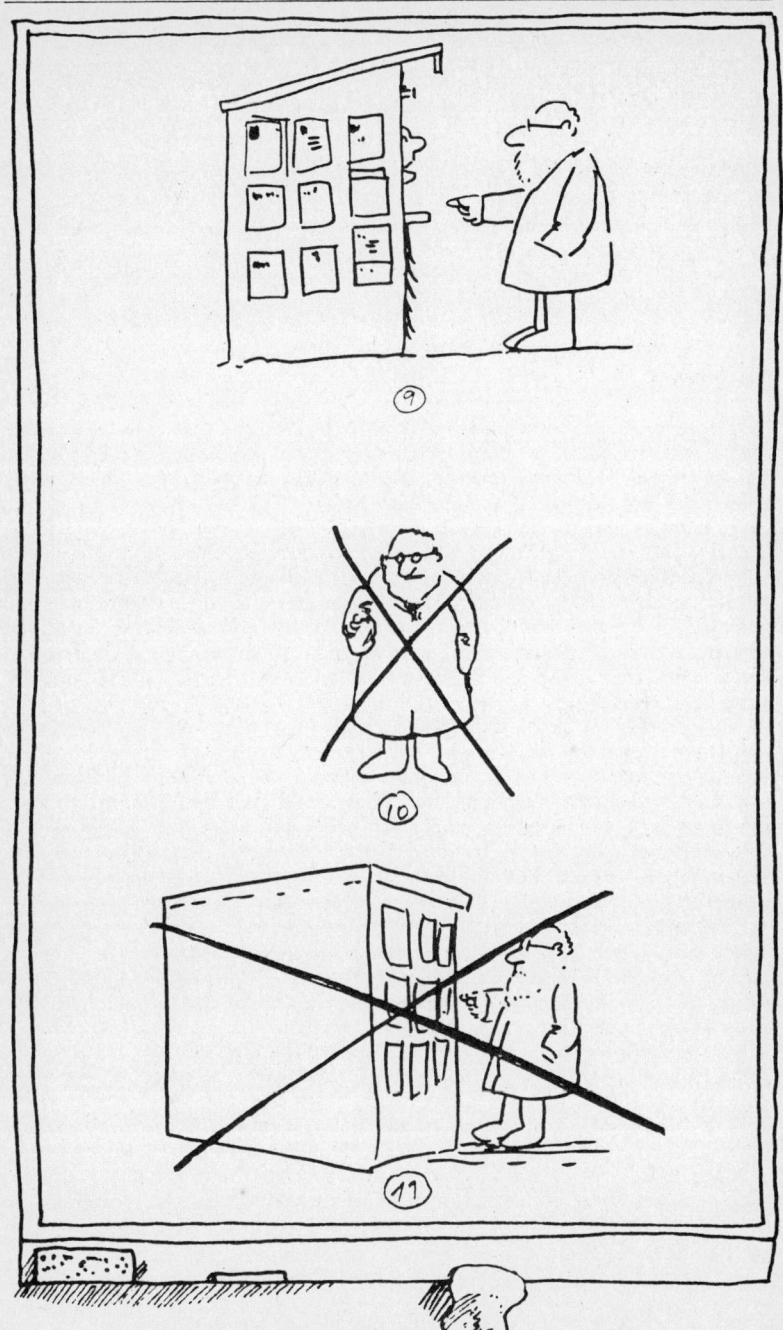

7. Legen Sie bei komplizierten Zeichnungen die Proportionen vorher fest. Sie können mit einigen Punkten die ungefähren Maße des Motivs anreißen und dann zeichnen. Das ist überall dort wichtig, wo es entweder auf genauere Proportionen ankommt oder wo z.B. zwei Motive in den rechten Größenverhältnissen zusammenstehen müssen. Das ist bei einer Tafelzeichnung auch deswegen wichtig, weil man nicht gewohnt ist, in dieser Größe zu zeichnen (Abb. 15).

8. Hilfslinien sind ebenfalls ein weiteres Hilfsmittel. Für manche Tafelzeichnungen sind sie sogar unverzichtbar. Man kann sie für die Konstruktion komplizierter Teile benutzen, indem sie das Teil auf ein einfaches Muster zurückführen. Sie können damit eine größere räumliche Distanz überbrücken, wenn Sie z.B. mehrere Teile einander zuordnen (Abb. 16, 17).

## Die Übung

Der Unterschied zwischen dem Zeichnen auf einer Tafel und auf einem Blatt Papier ist nicht so evident, wie man vielleicht denken könnte. Wenn Sie sich für eine Tafelzeichnung zunächst nicht sicher genug fühlen, üben Sie ruhig auf einem Blatt Papier. Konferenzen z.B. bieten meist hervorragende Möglichkeiten, sich mit Zeichnungen zu beschäftigen. (Ich mache das immer so.)

Wenn Sie sich nicht trauen, Ihren Kunstlehrer zu fragen, haben Sie kein weiteres Korrektiv als sich selbst. Sie sollten deshalb an den Zeichnungen nicht lange herumkorrigieren, sondern besser eine neue Zeichnung anfertigen. Erfahrungsgemäß bringt das Herumkorrigieren außer einem erhöhten Zeitaufwand wenig Resultate. Nebenbei ist es auch recht frustrierend, weil die Zeichnung so kaum besser wird.

Besser ist, Sie sehen Ihre Erfolge allmählich aus einer ganzen Reihe von Zeichnungen herauswachsen.

Die Übungen zu den einzelnen Kapiteln sind denn auch dementsprechend aufgebaut. Da ich nicht Ihre Zeichnungen korrigieren kann, müssen Sie es selbst tun. Sie haben dazu Ihre qualitativ unterschiedlichen Zeichnungen miteinander zu vergleichen. Die Elemente, die sich als besonders klar erweisen, sollten Sie herausnehmen und behalten, den Rest verbessern. Eine häufig zu beobachtende Form der Eigenkorrektur ist das ,,Gravieren'' der Tischplatte per Bleistift. Tatsächlich bedeutet eine besonders stark oder besonders dick gezeichnete Linie nicht eine bessere, sondern im Normalfall schlechtere Zeichnung. Ähnliches gilt für Formen, bei denen eine einmal gezeichnete, schlecht sitzende Linie von mehreren Linien überlagert wird — wohl in der Hoffnung, daß eine Linie dann stimmen mag. So beraubt man sich der Korrekturmöglichkeit durch das eigene Auge.

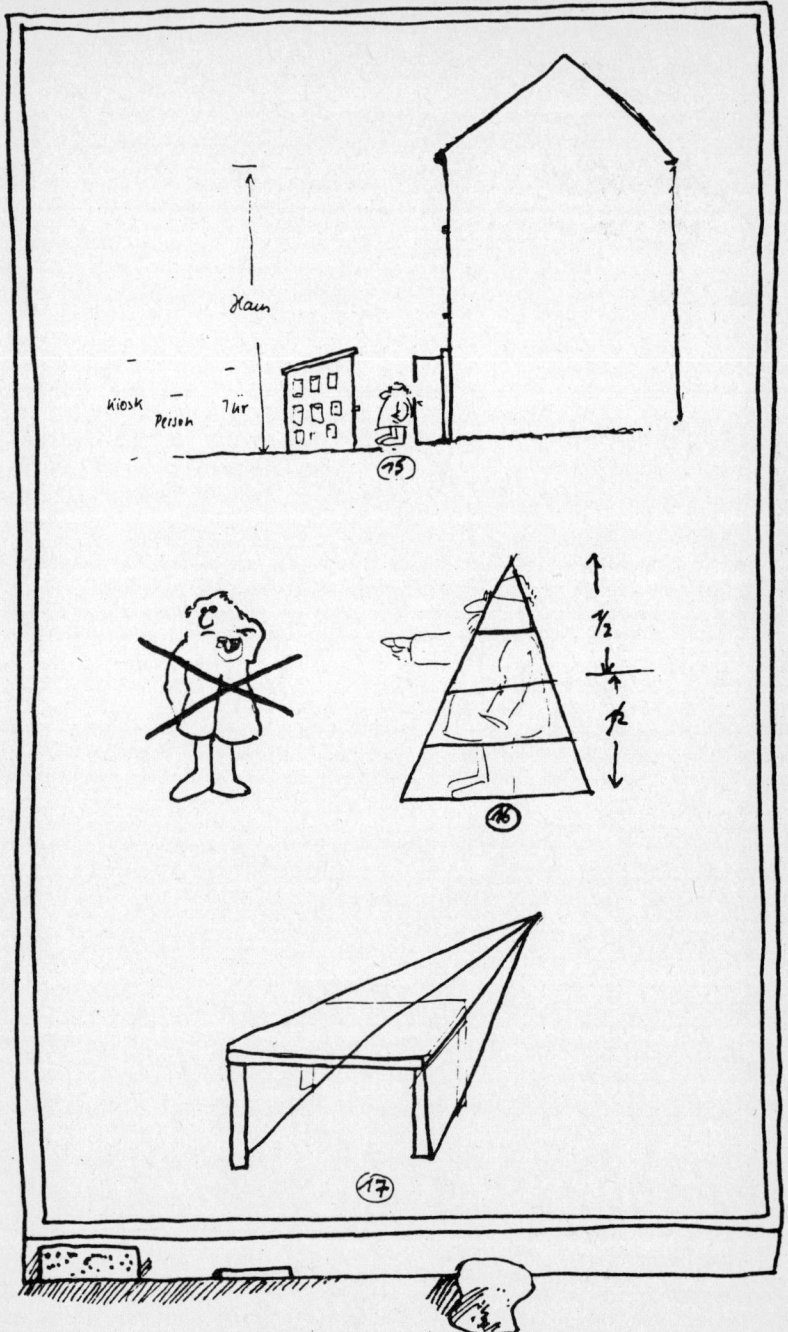

## 2 Die Männchen

### Das universelle Männchen

Für die meisten Tafelbilder braucht man eine Figur, die irgendetwas tut, auf irgendetwas hinweist usw. Aus diesem Grund habe ich sie an den Anfang der eigentlichen Übungen gestellt.

Die Beispiele geben natürlich nur eine Möglichkeit her, wie z.B. Männchen zu zeichnen sind, sollen eben deswegen keinen normativen Charakter haben. Im Gegenteil, die Übungen sollen es Ihnen ermöglichen, von dieser speziellen Form der Motive weiterzugehen und aufgrund der strukturellen Erkenntnisse zum Tafelzeichnen eigener Art zu finden.

Allen Lesern dürfte das berühmte Strichmännchen bekannt sein, das ja auch für die Tafelarbeit eine ganze Reihe guter Dienste leistet. Das hier vorgestellte ,,Modell'' bringt aber eine ganze Palette von Vorteilen gegenüber dem Strichmännchen (Abb. 18).

Auf den ersten Blick scheint das ,,Modell'' schwieriger zu sein als das Strichmännchen (was aber nicht zutrifft) (Abb. 19). Es ist aber zunächst einmal viel amüsanter, motivierender und vor allem weitaus differenzierungsfähiger. (Weshalb keine Frau? Trick Nr. 3: eine Frau ist weitaus schwieriger zu zeichnen als ein Mann.)

Betrachten wir zunächst das Männchen unter den Aspekten der Tricks:
1. Von links nach rechts.
Das Profil und die Arme, ggf. auch die Hände werden nach links gezeichnet

2. Die schwierigen Teile zuerst zeichnen.
Der Kopf ist schwieriger als der Körper, er wird zuerst gezeichnet (Abb. 21).

3. Komplizierte Teile weglassen.
Das sind hier: Verkürzungen, die sich durch die Drehung des Körpers ergeben würden. Der Halsansatz, der sehr schwierig zu zeichnen ist, weil man dadurch dem Kopf proportionsmäßig den Abschluß gibt (Abb. 22).

4. Möglichst im Profil.
Es entfallen: die Körpersymmetrie, die Symmetrie des Gesichts, die genauere Bestimmung der Körperbreite (ein nicht zu unterschätzendes Problem), ein Armansatz, die genaue Lokalisation des Armansatzes.

5. Möglichst flächig anordnen.
Dieser Punkt spielt hier keine Rolle. Fügen Sie ein weiteres Männchen hinzu, sollte es möglichst auf der gleichen Ebene stehen.

6. Schwierige Motive kaschieren.
Bei diesem Männchen wird mehr kaschiert als gezeigt. Der Mantel kaschiert die Körperproportionen, der Bart den Halsansatz, das Profil den hinten liegenden Armansatz, die Tasche die Hand (Abb. 23).

7. Proportionen vorher festlegen.
Dieser Punkt dürfte bei dieser Zeichnung keine so große Rolle spielen. Bei Unsicherheiten können jedoch natürlich die ungefähren Proportionen vorher festgelegt werden.

8. Hilfslinien benutzen.
Auch hier können Sie Hilfslinien benutzen und etwa die Form des Männchens auf eine Pyramide reduzieren (Abb. 24).

*Weitere Tips*
Ich habe oben einige Bemerkungen zur Besonderheit der Tafelzeichnung gemacht, insbesondere zum Aspekt des symbolhaften Sehens. Wenden wir diese Überlegungen hier an, so ergibt sich,
— daß den Händen und dem Kopf eine größere Bedeutung zugemessen wird als etwa dem Oberschenkel. Diese Teile sind von daher auch in Abweichung von ihrem natürlichen Proportionsverhältnis vergrößert zu zeichnen. Hier spielt natürlich ein weiterer Aspekt eine wesentliche Rolle: dies sind die Körperteile, die Sie zur Darstellung von Aktionen, von Bewegung, von Mimik usw. benutzen, die also von daher differenzierungsfähig und somit groß genug gezeichnet werden müssen.

Einen Kopf beispielsweise wird man oft mit allerlei Attributen (Abb. 25) versehen müssen. Ist er zu klein gezeichnet, wird das kaum gelingen.
— Zeichnen Sie die Füße so, daß die Figur auch steht, d.h. nicht etwa mit klitzekleinen Füßchen, sondern mit ausgewachsenen Tretern.
— Schwierigkeiten bereitet es zumeist, das Männchen agieren zu lassen. Da der Armansatz schwierig zu zeichnen ist, benutzen Sie am besten den hinten liegenden Arm. Hier brauchen Sie die Proportionen und den Ansatz des Armes nur ungefähr zu treffen, er ist nämlich von der Linie dann nicht weiter rekonstruierbar, von daher erscheint er auch in den seltensten Fällen falsch gezeichnet.

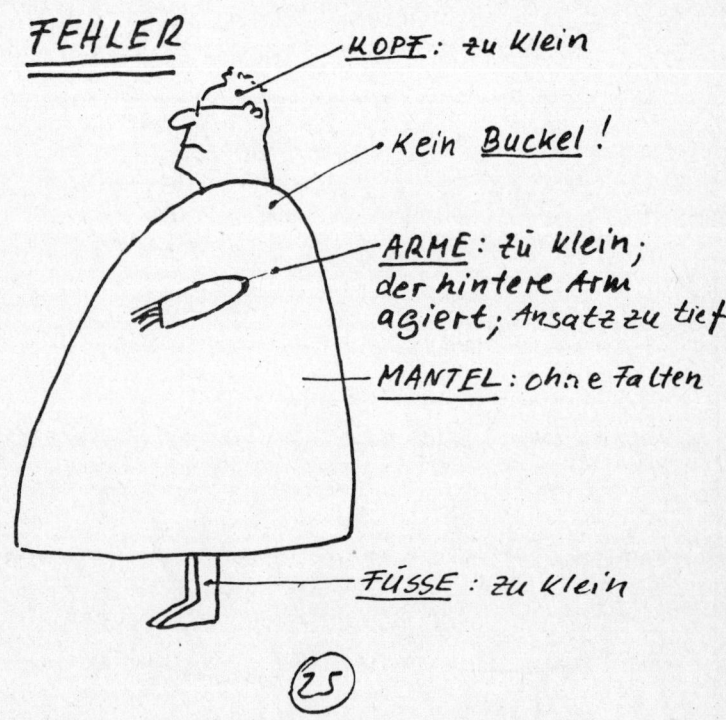

FEHLER

KOPF: zu klein

Kein Buckel!

ARME: zu klein; der hintere Arm agiert; Ansatz zu tief

MANTEL: ohne Falten

FÜSSE: zu klein

25

Übungen

Hier noch einmal eine Abfolge der Schritte beim Zeichnen:
Zeichnen Sie nach diesen Schritten mehrere Männchen auf ein Blatt Papier und vergleichen Sie, wie und weshalb sich die Zeichnung verbessert.
Zeichnen Sie zusätzlich einige besonders große, lange, dicke usw. Männchen, um die Variationsbreite kennenzulernen.

## Das Männchen in Bewegung

Um das Männchen in Bewegung zu zeichnen, müssen Sie sich den Aspekt des symbolhaften Sehens wieder in Erinnerung rufen.

In diesem Zusammenhang ist es erforderlich, daß Sie sich die Besonderheiten von Bewegungen besonders einprägen und sie zeichnerisch übertreiben. Der Maßstab ist hier nicht, daß die Bewegung in naturalistischer Manier dem Vorbild entspricht, sondern daß man die Bewegung auf der Zeichnung erkennt.

Um eine Bewegung besser charakterisieren zu können, zeichnen Sie die Körperachse ein, und Sie können feststellen, daß sie bei einer aufrecht stehenden Person senkrecht steht.

1. Soll das Männchen nun gehen, bleibt die Körperachse weitestgehend senkrecht; Sie erzielen die Bewegung, indem Sie die Beinstellung verändern (Abb. 26, 27).

2. Je schneller die Bewegung ist, umso schräger wird die Körperachse. Gleichzeitig gehen die Beine immer weiter auseinander. Als Hilfe können Sie eine vorgezeichnete Körperachse benutzen. Ich halte dann immer meinen Kopf etwas schräg in Richtung der Körperachse, dann läßt sich das Männchen genauso einfach wie vorher zeichnen (Abb. 28, 29).

3. Je weiter Sie nun die Körperachse neigen, desto mehr müssen Sie die anderen Körperteile der Bewegung anpassen bzw. den Eindruck der Bewegung verstärken:
— der Kopf bleibt waagerecht,
— die Haare fliegen,
— die Arme kommen aus den Taschen heraus und
— die Beine werden im Knie geknickt (Abb. 30, 34).

4. Posen können Sie folgendermaßen ermitteln:
— Machen Sie sich ein klares Bild von der Bewegung, indem Sie sie selbst ausführen oder von jemand ausführen lassen.
— Übertreiben Sie die für die Pose typische Haltung oder Bewegung.
— Zeichnen Sie zur Orientierung vorher die Körperachse ein.
— Denken Sie daran, daß der Kopf zumeist eine ganz besondere Haltung einnimmt und
— daß die Bewegung oder die Pose eindeutig von den Gliedmaßen unterstützt sein muß.

Als typische Beispiele für in der Tafelzeichnerei zu verwendende Posen seien hier aufgeführt (Abb. 31):
— hocken
— springen
— steigen/klettern
— tanzen
— werfen.

22

## Sitzende und liegende Männchen

Hier stehen Sie vor der Schwierigkeit, die Männchen in der richtigen Proportion kleiner zu machen und die richtige Ansicht zu wählen. Die Höhe des Männchens kann man bei einer sitzenden Figur ungefähr um 1/4 bis 1/3 kürzen, ansonsten die Haltung beibehalten.
Besonders günstig ist es,
— die Männchen hinter einem großen Schreibtisch usw. sitzen zu lassen (Kaschierung der schwierigen Formen), der die schwierigen Ansichtsteile verdeckt (Abb. 35, 40).
— dem Männchen seinen langen Mantel anzuziehen (oder wenigstens eine längere Jacke), der die problematische Hüftzone verdeckt.
— den Stuhl erst an das sitzende Männchen anzuzeichnen, da ein Stuhl weitaus einfacher zu zeichnen ist als ein sitzendes Männchen (Abb. 36, 37).
Vermeiden Sie hier auf jeden Fall die Frontalansicht (Ausnahme: Männchen hinter einem Schreibtisch, sehr günstig), da sich bei einer sitzenden Person sehr schwierig zu zeichnende Verkürzungen der Oberschenkel und auch der Arme ergeben.
Ich beginne mit einem knienden Männchen. Hier kann man das alte Männchenschema beibehalten und nur die Beine hinten herausgucken lassen (Abb. 39).
Zur Erleichterung können Sie bei einem sitzenden Männchen zunächst die geknickte Körperachse einzeichnen, dann den Mann herumzeichnen (Abb. 41).
Liegende Männchen scheinen schwierig zu sein. Sie sind es nicht, wenn Sie vorher eine Hilfslinie in Höhe des Bodens einzeichnen, den Kopf ein wenig drehen und die gerade Bodenlinie als Rücken benutzen (Abb. 43).
Hier können Sie zusätzlich zwei Elemente (s.o.) anwenden. Zum einen können Sie die Person ins Gras o.ä. legen (Gras, Kapitel 5) und so die untere Kante kaschieren (Abb. 44). Zum anderen können Sie hier die Verkürzung ausnutzen und eine Person so zeichnen, als ob man sie von den Füßen her sieht. Vermeiden Sie hier auf jeden Fall Schrägansichten, Anblicke schräg von oben usw. Die liegenden Personen sehen hochgeklappt aus (Abb. 45, 46).

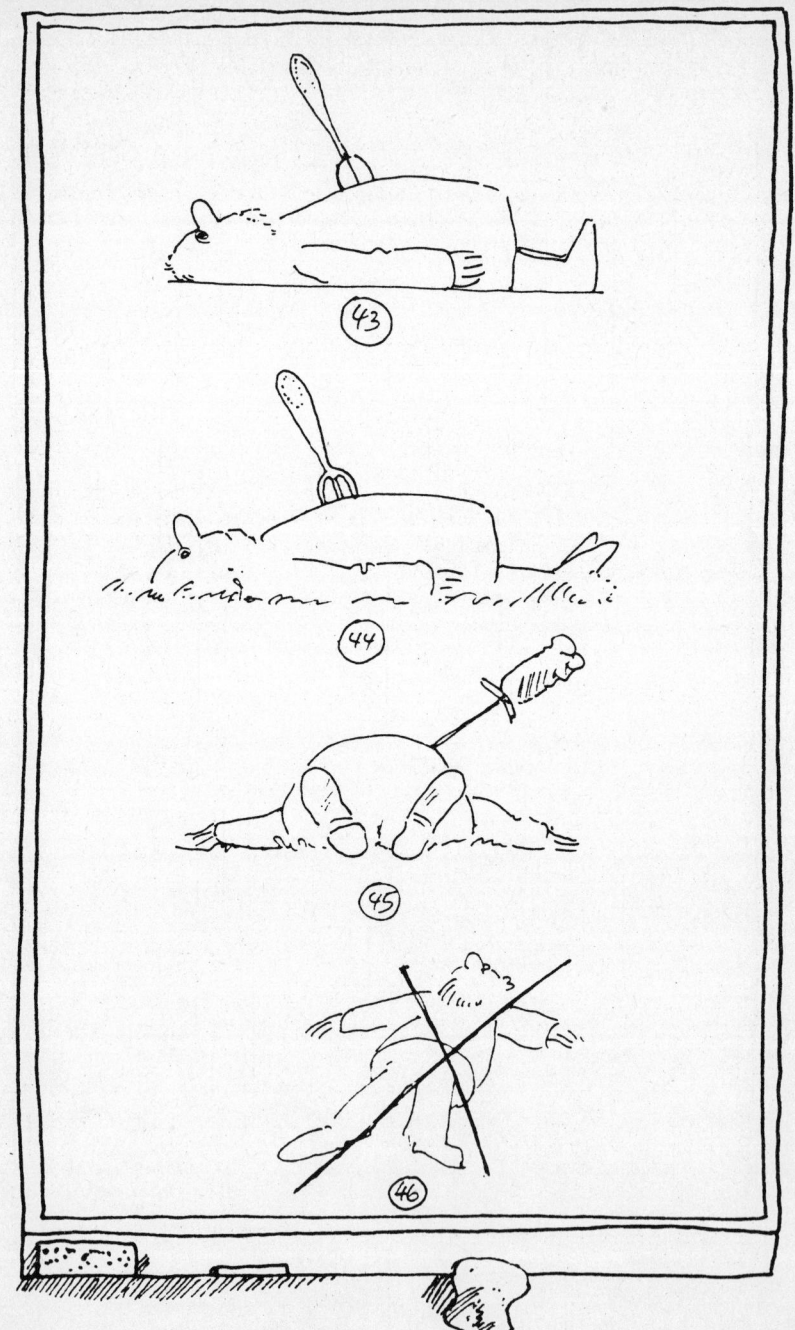

## Übungen

Beginnen Sie eine Reihe von Männchen, deren Beine Sie im Sinne einer schnelleren Bewegung immer mehr spreizen und vergleichen Sie diese dann mit einer Reihe (anschließend angefertigt), bei der Sie zusätzlich die Körperachse neigen. Sie werden feststellen, daß (außer dem Übungseffekt) die zweite Reihe von Zeichnungen besser geworden ist. Versuchen Sie nun, die Bewegung zu unterstützen, indem Sie den Kopf und die Arme entsprechend zuordnen. Wenn Sie diese Übung sicher geschafft haben, versuchen Sie sich in Zeichnungen mit weiteren Bewegungen wie etwa

— Eislauf
— Tennis
— Speerwurf usw.

Sie können hier den Lerneffekt vergrößern, indem Sie ähnlich wie bei der vorigen Übung verfahren:

— zuerst die Körperachse, dann den Körper;
— weitere Variationen in der Körperachse, um die Bewegung zu betonen;
— Vergleich beider Serien;
— Anpassung der Arme und des Kopfes.

Die liegenden Männchen bedürfen keiner besonderen Übung. Die sitzenden Männchen beginnen Sie wie o.a. mit der rechtwinklig geknickten Körperachse. Lassen Sie sich zusätzlich einige Möglichkeiten einfallen, um die schwierigen Körperteile zu kaschieren.

## Das Männchen von vorne

Sie sollten sich an dieses Männchen erst dann wagen, wenn Sie bereits einige Übungen mit dem „Profilmännchen" gemacht haben, denn hier treten einige Schwierigkeiten auf, die besser zu bewältigen sind, wenn Sie bereits über einige zeichnerische Fertigkeiten verfügen. Wenn Sie diese Schwierigkeiten umgehen wollen, springen Sie bitte zum nächsten Abschnitt. Dort haben Sie Gelegenheit, weitere Profilmännchen zu üben.

Die Schwierigkeiten beim Zeichnen:
— Wählen Sie eine Schulterbreite, die wenigstens 1/3 der Figur ausmacht.
— Haben Sie keine Angst vor der Symmetrie: zeichnen Sie am besten die beiden Hälften unterschiedlich, dann tritt dieses Problem erst gar nicht so stark auf (Abb. 47).
— Vermeiden Sie hier Verkürzungen bei den Armen, die immer dann auftauchen, wenn die Figuren nach vorne mit den Händen agieren. Lassen Sie die Figuren von daher ihre Tätigkeiten zur Seite hin ausführen.
— Lassen Sie die Figur möglichst stehen und nicht gehen. Beim Gehen oder beim Rennen zeichnen ungeübte Zeichner nämlich zumeist die Füße seitlich herumgeklappt — auch ein Problem der Verkürzung.
— Zeichnen Sie die Füße nicht beide nach vorne gedreht, das ist wegen der Verkürzung schwer zu zeichnen. Die Männchen sehen so aus, als ob sie auf den Fußspitzen tanzen. Zeichnen Sie auch die Füße nicht ganz auseinandergespreizt — das wäre eine unnatürliche Haltung. Die günstigste Position ist, einen Fuß nach vorne und einen Fuß zur Seite zu zeichnen.

## Die genaue Charakterisierung der Männchen

Bei den meisten Tafelzeichnungen ist es notwendig, das Männchen genauer zu differenzieren. Das ist insgesamt nicht schwieriger, als das Männchen überhaupt zu zeichnen, da man ohnehin die Form des Männchens festlegen muß.

Die Veränderungen richten sich natürlich nach den darzustellenden Personen und müssen deren Eigenschaften, Erscheinungsweisen usw. in überdeutlicher Art und Weise darstellen.

Dies kann auf mehreren Ebenen geschehen:
— durch die Größe,
— die Form,
— die Kleidung,
— die ,,Attribute'',
— den Kopf.

Ich beginne mit

1. der Größe: Entsprechend der symbolhaften und übertreibenden Zuord-nungen ist die Größe folgenden Bereichen zuzuordnen (Abb. 48)
— Kinder sind kleiner
— als Erwachsene.
— Frauen sind kleiner als Männer.

(Eine genauere Charakterisierung, inwiefern man die Größe von Motiven auch zur Charakterisierung von Beziehungen benutzen kann, finden Sie in Kap. 43.)

2. Aus der äußeren Form ergeben sich viele Bedeutungshinweise:
— das Alter der Personen (Dicke sind jünger, Greise sind dünn usw.) (Abb. 49);
— der Beruf der Person (Fleischer sind dick, Gemüsehändler dünn);
— der Charakter der Person (Choleriker sind dick, Fanatiker dünn) (Abb. 50);
— der Typ (Sportler haben breite Schultern und . . . schmale Schulter).

Wie Sie unschwer aus dieser Aufstellung ersehen können-kann man hier bei einigen Charakterisierungen durchaus geteilter Meinung sein, ja man könnte z.B. sogar behaupten, . . . wären nicht dünn, . . . dafür aber dick (bitte selbst einfügen). Wichtig scheint mir, daß man sich hier über die stereotypen Zuordnungen (oder auch nicht?) im klaren ist und diese Eigenschaften zur Charakerisierung der Personen nur dann anführt, wenn dies notwendig ist.

Nebenbei gesagt, ist ein so differenziertes Tafelbild von erheblichem Reiz.

3.  Die Kleidung: Durch eine Zuordnung per Kleidung kann man manchen zeichnerischen Mangel beheben. Gelingt es z.B. nicht, ein Kind als Kind erkennbar zu zeichnen, so fügen Sie z.B. typische Kinderkleidung hinzu (kurzes Kleid, kurze Hose, Hosenträger usw.). Aus der Kleidung ergeben sich folgende Zuordnungen:

Hinweise auf den sozialen Stand (Abb. 51, 52):
—  Könige in Roben, Bettler in Lumpen.

Charakterisierung der Umgebung:
—  Witterung (Mäntel mit Pelzkragen bei Kälte);
—  Anlässe (Abendrobe usw. bei Festivitäten).

4.  Eine der Kleidung vergleichbare Stellung haben die Attribute: Auch sie dienen der eindeutigen, differenzierteren Darstellung von Personen; sie sind auch eine wertvolle Hilfe bei Darstellungsschwächen (Abb. 53).

Die Liste der Attribute ist zu lang, um hier aufgeführt zu werden. Ich begnüge mich daher mit einer groben Übersicht (alphabetisch):
—  Alter (Krücke bzw. Ball) (Abb. 54);
—  Beruf (Maulschlüssel bzw. Akte) (Abb. 55);
—  Stand (Mercedes bzw. Bettlerhut);
—  Volk (Bowlerhut bzw. Häuptlingsfedern).

5.  Die Handlungssituation kann auch noch zur genaueren Charakterisierung herangezogen werden, was allerdings schon eine gewisse Fertigkeit im Zeichnen verlangt.

Sie können damit
—  den Zustand (wütend: viel Bewegung),
—  die Arbeitssituation (Beamte sitzen, Diebe schleichen) usw. (Abb. 56) schildern.


## Zusammenfassung

—  Konzentrieren Sie sich auf die wesentlichen Merkmale!
—  Wird die Zeichnung nicht eindeutig genug, fügen Sie weitere Merkmale hinzu!
—  Scheuen Sie sich nicht, Stereotypen, Vorurteile usw. in Ihren Zeichnungen zu verarbeiten: Sie können auf Anfragen noch immer relativieren (geht natürlich auch ohne Anfrage).
—  Wenn Sie eine Zeichnung mit „atmosphärischem" Beiwerk versehen, kommt das nicht nur der Lesbarkeit zugute, die Lerngruppe hat auch mehr Stoff, über den sie reden kann.

## Übungen

Beginnen Sie mit Personen, bei denen es einfache Zuordnungen gibt. Suchen Sie sich zunächst aus diesen diejenigen heraus, die Sie leicht zeichnen können.

Beispiele:
— einen Blumenverkäufer (wird durch Blumen verdeckt);
— einen Trapper (zerrissene Kleidung, Gewehr).

Wagen Sie sich dann an Personen, die Sie nach und nach mit den nötigen Attributen usw. versehen:
— einen Verkäufer auf dem Wochenmarkt;
— einen Soldaten.

Fügen Sie dann den Personen Umgebungsmerkmale hinzu, vergleichen Sie mit der vorherigen Zeichnung und stellen Sie fest, ob sie nun leichter zu identifizieren sind.

# 3 Körperteile

## Hände/Arme/Füße

Die Hände sind neben dem Kopf — jedenfalls was das Tafelzeichnen anbetrifft — die wichtigsten Körperteile. Sie erfüllen im Zusammenhang mit der Bewegung eine wesentliche Funktion (s.o.), haben daneben aber noch eine wichtige Rolle in folgenden Bereichen:
— hinweisen/zeigen usw;
— halten, greifen, fassen.
   Anfangs sollten Sie die Hände in Form von Fausthandschuhen zeichnen, das ist einfach und geht recht schnell (oder ganz weglassen) (Abb. 57). Sollen die Hände/Arme differenzierter gezeichnet werden (so hält man ja z.B. kein Sektglas mit Fausthandschuhen), denken Sie an folgendes:
1.   Zeichenerleichterung
— Wie schon mehrfach angeführt, gelten auch hier die Regeln des symbolhaften Sehens. Das bedeutet, daß die Hand in einer ausreichenden Größe gezeichnet werden muß, damit sie klar als solche und in ihrer Funktion erkennbar ist;
— andererseits die Finger von den meisten Zeichnern recht dick gezeichnet werden (eben weil man weiß, daß man fünf davon hat und sie alle wichtig sind), was zu Schwierigkeiten führt, wenn die Hände kleinere Gegenstände wie z.B. Henkel halten müssen (Abb. 58).
— Zeichnen Sie daher entweder die Finger dünn (Abb. 59),
— oder lassen Sie einen Finger weg (was fast alle Comic-Zeichner machen) (Abb. 60).
— Als Übergangslösung empfehle ich, die Finger nur als gebogene Striche zu zeichnen (platzsparend).
2.   Handhaltungen
Eine hinweisende Hand sollten Sie von der Seite zeichnen (Vorteile des Profils), was am einfachsten ist, wenn man mit dem Zeigefinger beginnt, um dann in der Mitte der Hand den Daumen anzusetzen. So haben Sie von Anfang an die richtige Proportion (Abb. 61).

Die haltende Hand sollte ebenso wie die hinweisende Hand auf der dem Zuschauer abgewandten Seite plaziert werden (Abb. 62). So vermeiden Sie schwierig zu zeichnende Armansätze. Soll die Hand einen Gegenstand — wie zum Beispiel einen Besenstiel — halten (Abb. 63), so muß die Hand der Achse des Gegenstandes angepaßt werden, indem Sie diese kurz vorzeichnen. Zumeist sind dann von der Hand nur noch die Fingerspitzen zu sehen, die einfach zu zeichnen sind. Anschließend zeichnen Sie den Gegenstand ein.

Besonders einfach sind Hände dann zu zeichnen, wenn der zu umfassende Gegenstand (etwa der Henkel einer Aktentasche) senkrecht nach unten getragen wird (Abb. 65).

3. Versuchen Sie nicht, Fingernägel zu zeichnen. Das ist ohnehin unnötig, da diese auf größere Entfernung kaum zu sehen sind. Außerdem sehen die Hände dann leicht wie abgehackte Würstchen aus (Abb. 64).

4. Zeichnen Sie auch die Arme recht dick, so sind sie einfacher zu erkennen, und diese Variation hält man Ihrem zeichnerischen Talent zugute. Versehen Sie die Ärmel in Höhe des Gelenks mit einem Knick; so wirkt er nicht wie ein gebogenes Würstchen, sondern weist ganz natürlich eine Falte auf (Abb. 66).

5. Füße bereiten keine besonderen Schwierigkeiten. Sie sollen nur groß genug gezeichnet sein (s.o.). Sie erreichen auch hier einen naturalistischen Effekt, wenn Sie die Füße mit dem Knick des Absatzes versehen und vielleicht sogar das Ende der Hose mit einzeichnen (Abb. 67).

Sich bewegende Personen, etwa laufende, stellen ihre Füße natürlich anders, nämlich in der Mitte geknickt. Das hängt aber jeweils von der entsprechenden Bewegung ab (Abb. 68).

Frauen haben sowohl zierlichere Füße als auch Schuhe. Um hier eine klare Zuordnung zu erreichen, sollten Sie Frauen soweit wie möglich mit hochhackigen Schuhen versehen (Abb. 69).


## Zusammenfassung

— Sie sollten in der Regel darauf achten, daß der Armansatz des agierenden Armes nicht sichtbar ist.
— Vergrößern Sie die Arme, Hände, Füße über ihre natürliche Größe hinaus.
— Stellen Sie zuerst die Füße, heben Sie zuerst die Arme in die gewünschte Position und zeichnen Sie dann die dazugehörigen Motive.


## Übungen

Zeichnen Sie ein Männchen und versehen Sie es mit unterschiedlich dikken Armen, Beinen und Füßen. Finden Sie anschließend heraus, welches Männchen am leichtesten zu erkennen ist.

Zeichnen Sie anschließend Hände, die unterschiedlich große Dinge tragen. Beginnen Sie mit einem großen Gegenstand, denn hier ist die Handhaltung am einfachsten. Wechseln Sie dann zu immer kleineren Gegenständen über. Sie werden bemerken, wie sich die Hand immer genauer dem Gegenstand anpaßt und schließlich eine spezifisch auf den Gegenstand ausgerichtete Bewegung wird (so faßt man z.B. ein zerbrechliches Jugendstilglas anders an als eine Wasserpumpenzange gleicher Größe).

## Der Kopf

Der Kopf gilt als wesentliches Moment für die Bestimmung und die Differenzierung von Typen. Gerade deswegen kommt man in diesem Bereich ohne Stereotypen kaum aus. So haben z.B. alle Professoren eine hohe Stirn (obwohl ich zwei kenne, die eben das nicht haben), alle Referendare lange Haare usw.

Für die Erkennbarkeit ist hier oft wichtig, daß man der genauen Erkennbarkeit wegen oft Köpfe en face zeigen muß, damit die gewünschten Charakteristika klar zu erkennen sind.

Die wesentlichen Momente, die zur Beschreibung einer Person herangezogen werden können, sind
- die Kopfform,
- die Frisur,
- der Mund,
- die Augen,
- die Accessoires.

Die anderen Kopfteile bzw. Kopfpartien spielen keine so wesentliche Rolle, dienen meist nur zur Charakterisierung ausgefallenerer Typen.

1. Die Kopfform signalisiert mehrere Eigenschaften wie
- das Alter. Kinder haben einen runden Kopf, Greise einen schmalen Schädel (Abb. 70, 71);
- die Intelligenz. Eine hohe Stirn verweist auf Geisteskräfte, eine niedrige Stirn auf das Gegenteil (hört sich schon sehr trivial an) (Abb. 72, 73);
- die Weltzu- bzw. -abgewandheit. Schlemmer und Lebenslustige haben einen runden, Vergeistigte einen schmalen Kopf (Abb. 74, 75).
2. Auch die Frisur verweist auf verschiedene Eigenschaften, nämlich auf
- das Geschlecht. Frauen haben lange Haare, Männer kurze (Abb. 76, 77);
- das Alter. Alte Männer haben Glatzen, Kleinkinder Löckchen (Abb. 70, 78);
- den Typ. Militärs haben Bürstenhaarschnitt, Vamps Mähnen (Abb. 77, 79).
3. Der Mund signalisiert vor allem
- die Gemütslage. Vom Grinsen (Mundwinkel leicht hochgezogen) über Trauer (Mundwinkel nach unten) bis Aggression (gebleckte Zähne) (Abb. 81, 82, 83);
- die Kommunikationsbereiche. Flüstern (gespitzte Lippen) bis schreien (Mund weit aufgerissen) (Abb. 83 a, 84).
4. Die Augen verraten die Emotionen: erschrocken (Augen stülpen sich vor), schläfrig (Augen geschlossen) usw. (Abb. 85, 86, 87, 88).
5. Die Accessoires weisen hin auf
- Beruf. Bauarbeiter tragen Helme, Pastoren Kragen (Abb. 89, 94);
- Stand. Der Adel trägt Monokel, Direktoren dicke, schwarze Brillengestelle (Abb. 90, 91, 92, 93);
- Volk. Bayern tragen Gamsbärte auf dem Hut, Friesen Südwester (Abb. 95).
6. Nur der Vollständigkeit halber seien hier noch aufgeführt:
- das energische Kinn (Abenteurer), das Doppelkinn (Dicke) (Abb. 96);
- die Indianernase, die Boxernase (Abb. 97, 98);
- die Blumenkohlohren eines Boxers.

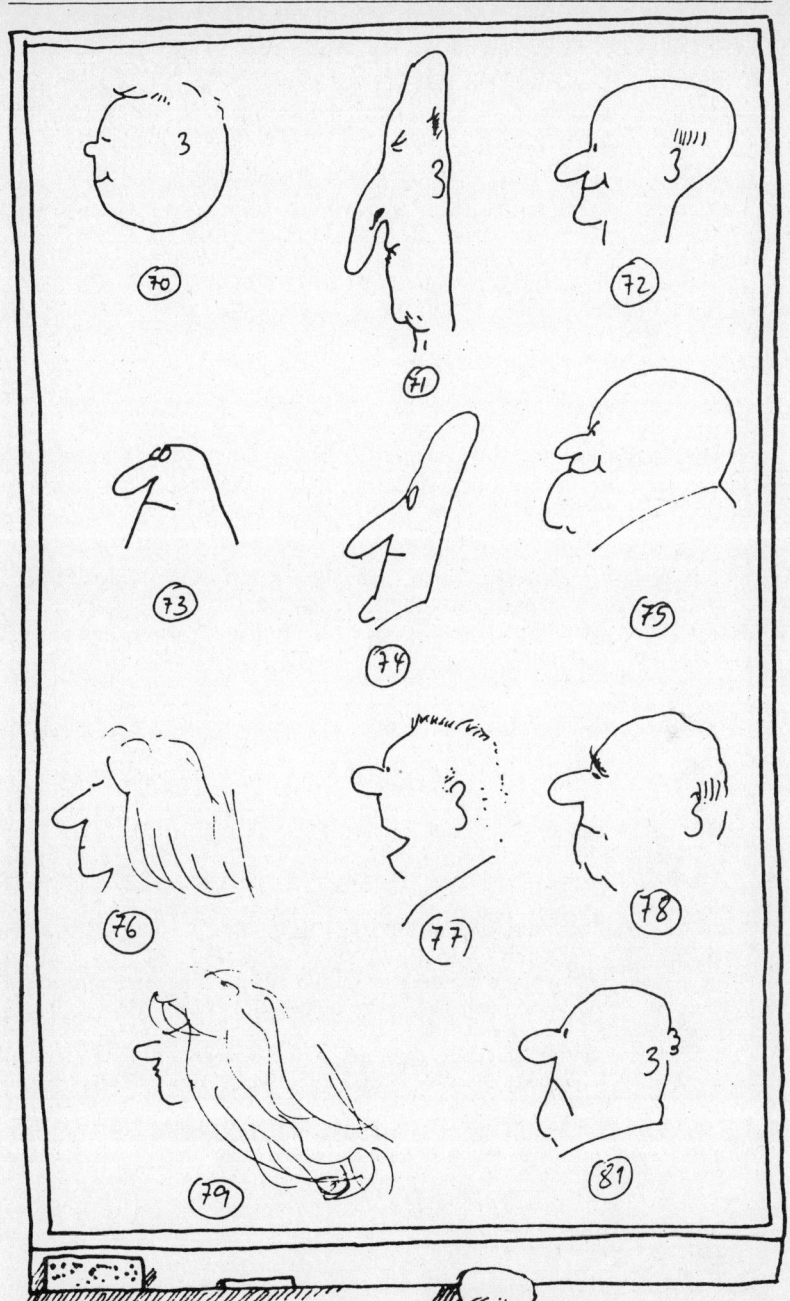

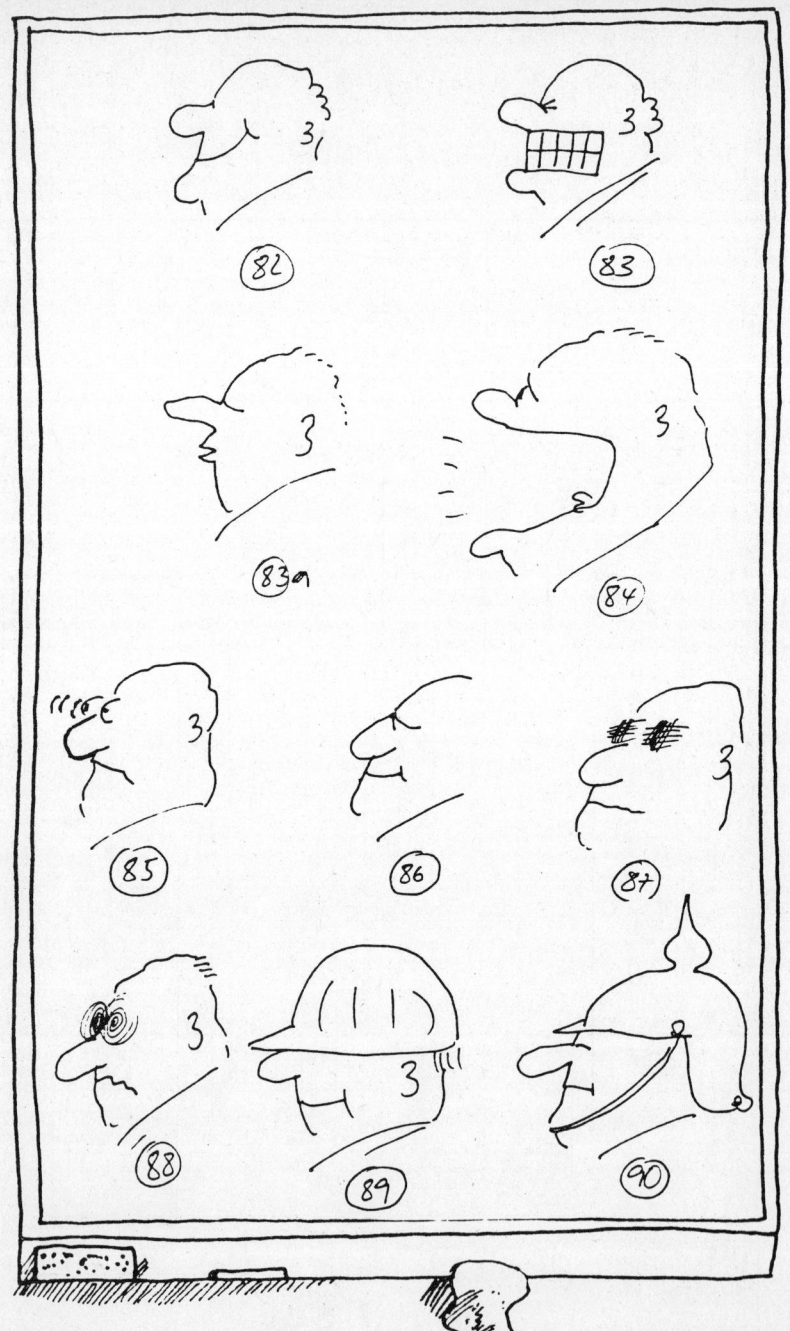

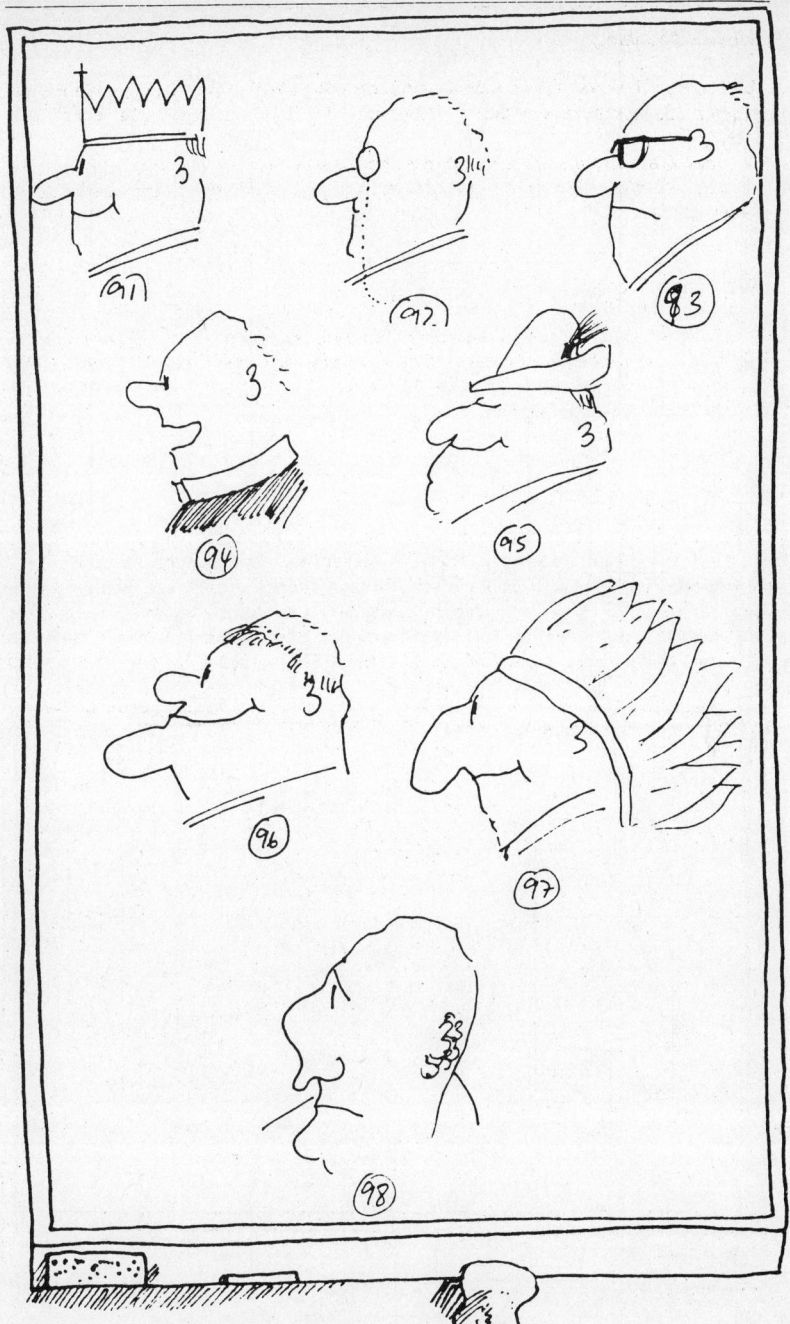

## Die Kopfhaltung

Außer den im ersten Teil beschriebenen Kopfhaltungen, die ja den Bewegungen zugeordnet wurden, kann man die Kopfhaltung noch verbinden mit
— der Gemütslage. Traurige Menschen lassen den Kopf hängen (Abb. 99);
— der Aktion. Lauschen (Kopf ist schräg), schreien (Kopf nach vorne) (Abb. 100).

## Zusammenfassung

Wesentliches Mittel zur genaueren Charakterisierung einer Person ist der Kopf. Während Sie mit Augen, Mund, Kopfform im wesentlichen den Typ beschreiben, vermitteln Sie mit Accessoires und der Frisur mehr gesellschaftliche Zugehörigkeiten.

## Übungen

Gehen Sie von den Ihnen durch die anderen Übungen bekannten Köpfen aus und zeichnen Sie eine Reihe. Überlegen Sie einen leicht zu charakterisierenden Typ (etwa: Soldat, Bischof usw.), den Sie mit nur wenig Details darstellen können und erstellen Sie eine Versuchsreihe. Welche Frisur (welche Augen, welche Brille usw.) paßt am besten? Gehen Sie erst zu schwierigeren Typen über, wenn Sie für sich Gewißheit über Zuordnungen gefunden haben.

# 4 Details, Frauen, Kinder

## Figuren ohne Mäntel

An diese Aufgabe sollten Sie sich erst wagen, wenn Sie durch die o.a. Übungen einige Fertigkeiten im Zeichnen besitzen, denn nun wird die Zeichnung schwieriger, weil Sie
— die ungefähren Proportionen treffen,
— den Beinansatz halbwegs richtig hinbekommen,
— und einige Details genauer zeichnen müssen.
Generell sollten Sie nicht auf die Vorteile des Mantels verzichten, der ja Körperteile kaschiert.

Ersetzen Sie ihn, soweit möglich, durch lange Jacken, lange Pullover, weitgeschnittene Hemden usw. Je weniger genau Sie z.B. einen Arm zeichnen müssen (Muskeln, Gelenke, Proportionen) umso schneller geht das/ und umso weniger Fehler können Sie machen (Abb. 101). Auch hier sollten Sie darauf achten, daß die eine Hand in einer Tasche verschwindet. Wo das nicht möglich ist, sollte die dem Zuschauer zugedrehte Hand etwas tragen, wobei der Arm senkrecht stehen soll; so ist der Armansatz besser zu zeichnen.

Was ist nun mit Figuren im Badeanzug? Hier werden natürlich gewisse anatomische Kenntnisse vorausgesetzt; Sie können sich die Aufgabe jedoch bedeutend erleichtern, wenn Sie folgendes beachten:
— Wesentliche Details übertreiben, vor allem die Muskeln (das hält man Ihren zeichnerischen Fähigkeiten zugute).
— Verdecken Sie soviel wie möglich durch irgendwelche Details (Schränke, Wiese usw.) (Abb. 102).

# Frauen

Frauen sind schwerer zu zeichnen als Männer. Während zur Charakterisierung eines Mannes ein Bart genügt, müssen Sie eine Frau (vor allem bei mäßigem zeichnerischen „Talent") mit allen möglichen Attributen ausstatten, damit sie als solche erkennbar ist. Mit zunehmender Beherrschung der Zeichentechnik können Sie dann natürlich die Attribute immer mehr reduzieren.

Frauen sollten Sie ähnlich wie die Männer mit einer Bekleidung versehen, die die schwer zu zeichnenden Proportionen verdeckt, also mit einem Mantel oder mit einem langen Kleid.

Die Hand zum Betrachter hin ist meist schwer zu verdecken, vor allem stecken Damen die Hände nicht in Taschen.

Es gibt aber dennoch eine ganze Reihe von Zeichenerleichterungen bei Frauen (Abb. 103):

1. Der verdeckte Halsansatz fällt weg, da Frauen ja keinen Bart haben. Sie müssen also das Kinn und den Hals zeichnen. Der Ansatz zum Kleid, Pulli usw. jedoch, der schwer zu zeichnen ist (Anfänger drehen ihn immer zum Betrachter herum, er wird so überbetont), kann leicht kaschiert werden durch

— eine Perlenkette (gleichzeitig ein Attribut für Frau);
— einen gekräuselten Kragen (Frauen tragen so etwas).

2. Die langen Haare sind zur Beschreibung von Frauen sehr wichtig. Gleichzeitig können Sie mit den Haaren, die ja leicht zu zeichnen sind, wesentliche Teile des Halsansatzes und die Proportionen des Kopfes verhüllen. Zeichnen Sie lieber doppelt soviel Haare, wie es notwendig erscheint. Ältere Frauen tragen einen Knoten (Abb. 104).

3. Frauen besitzen bekanntlich als besonders herausragende Merkmale Busen und Po, die Sie in der Zeichnung als charakteristische Elemente klar betonen sollten. Bei zu starken Übertreibungen müssen Sie allerdings mit Lacherfolgen rechnen.

4. Die Schuhe sollten hochhackig sein (s.o.), sind auch nicht schwieriger zu zeichnen als flache Schuhe.

5. Den vorne liegenden Arm sollten Sie dazu verwenden, die Frau mit der „typischen" Handtasche zu versehen.

6. Bei einer anderen Kleidung wird es wesentlich schwerer, die Proportionen genauer zu erfassen. Besonders wichtig sind hier:

— lange, schlanke Arme und Hände,
— schmale Taille,
— möglichst lange Haare.

(wie Sie sehen, entspricht dieser Frauentyp mehr oder weniger dem uns durch die Reklame eingebläuten Mannequin-Typ) (Abb. 105).

7. Frauen von vorne zu zeichnen, hat etwa den gleichen Schwierigkeitsgrad, als wenn Sie Männchen von vorne zeichnen. Hier sollten Sie besonderen Wert auf

— eine schmale Taille (Profil fehlt),
— ausgeprägte Hüften,
— die den Halsansatz verdeckenden Haare legen.

Tiefere Dekolletés sind schwierig zu zeichnen, Sie sollten lieber darauf verzichten (Abb. 106).

8.   Der Kopf weist andere charakteristische Merkmale auf als bei Männern. So haben Frauen
—   eine kleinere Nase,
—   Wimpern/Augenbrauen,
—   ein kleineres Kinn,
—   sehr viele Haare (wie Sie an der Zeichnung sehen können, brauchen Sie im Profil nur das vordere Profil zu zeichnen, en face nur die Wangen und das Kinn, also im Grunde nur ein abgerundetes Dreieck),
—   große Augen.

## Zusammenfassung

Scheuen Sie hier nicht vor Stereotypen zurück: Sie zeichnen keine Frau an die Tafel, sondern das Symbol für eine Frau.
    Statten Sie die Frauen mit allen erdenklichen Attributen aus, die man Frauen zuschreibt wie z.B. Schmuck, Spitzen, Handtaschen usw. Je sicherer Sie in der Zeichnung werden, umso mehr können Sie auf diese Details verzichten.

## Übungen

Versuchen Sie zunächst, eine fraulich wirkende Figur zu zeichnen, indem Sie Busen und Po betonen.

Zeichnen Sie davon eine kleine Reihe von Bildern, denen Sie dann jeweils mehr und mehr Attribute zuordnen. So können Sie erkennen, wie ausgefeilt Sie die Figur zeichnen müssen (ab wann kann man klar erkennen, daß es sich um eine Frau handelt?).

Gehen Sie von diesem Typ aus und versuchen Sie vor allem die Haare, die Beine und das Gesichtsprofil zu verbessern.

## Kinder

Kinder sind ungefähr genauso schwierig zu zeichnen wie Frauen, insbesondere, weil sie leicht zu alt aussehen. Um diesen Schwierigkeiten aus dem Wege zu gehen, sollten Sie sich die charakteristischen Formen und Erscheinungsweisen von Kindern vergegenwärtigen:

— Kinder haben — verglichen mit den Proportionen eines Erwachsenen — einen großen Kopf; zeichnen Sie daher Kinder immer mit einem betont großen Kopf (Abb. 110).

— Kinder haben einen wenig ausgeprägten, runden Kopf, genauer gesagt eine kleine Nase, einen kleinen Mund, große Augen und deutlich sichtbare Wangen, oft auch wenig Haare.

— Ein weiteres Merkmal von Kindern ist, daß sie meist besondere Kleidung tragen (wie kurze Hosen, kurze Röcke usw.).

Neben den bereits erwähnten Zeichenhilfen sollten Sie noch berücksichtigen (Abb. 108, 109):

— „Verpassen" Sie Kindern möglichst einen langen Pullover, er verdeckt die Proportionen.

— Fügen Sie Attribute hinzu, die für Kinder typisch sind: einen Ball, eine Schultasche, ein Dreirad usw.

— Kinder sind immer in Bewegung (obwohl mein jüngster Sohn da eine Ausnahme macht). Zeichnen Sie daher Kinder immer in Aktionen, erkennbar durch deutliche Arm- und Fußbewegungen.

Jugendliche sind schwieriger zu zeichnen. Die für sie typischen Attribute sind schwieriger zu ermitteln (und verändern sich ständig):
— lange Haare,
— Turnschuhe,
— Moped usw.,
also auch vor allem Elemente, die schwer zu zeichnen sind und die keine eindeutigen Konnotationen aufweisen.

Ich schlage daher vor, ihr Alter durch die von Erwachsenen und kleineren Kindern abweichende Größe darzustellen, also in einer „Umgebung" (Abb. 111).

## Übungen

Versuchen Sie zunächst, in einer Reihe das richtige Proportionsverhältnis von Kopf und Körper zu treffen.

Machen Sie dann einige Übungen zum Kopf: welche Proportionen der einzelnen Teile sind angemessen?

Versehen Sie anschließend die Zeichnungen mit so vielen Attributen, bis zweifelsfrei feststeht, daß es sich um ein Kind handelt.

Benutzen Sie dies als Ausgangslage (ähnlich wie bei den Übungen zu Frauen) und versuchen Sie die Ausdruckskraft der einzelnen Elemente zu erhöhen.

## 5 Tiere und Pflanzen

### Tiere

(Biologielehrer übersehen bitte grobe Verallgemeinerungen und anatomische Unrichtigkeiten.)

Das Zeichnen von Tieren beinhaltet eine Schwierigkeit, die zugleich ein Vorteil ist:

Körperformen und Proportionen von Tieren kennt man bei weitem nicht so genau wie die der Menschen, schon gar nicht bei etwas unbekannteren Tieren, genauer gesagt, bei fast all den Tieren, die nicht den Haustieren zuzurechnen sind. Das hat seine entscheidenden Nachteile, wenn man bestimmte Tiere zeichnen soll (wie sah noch gleich eine Ziege aus?). Das hat aber gleichzeitig den Vorteil, daß die meisten Betrachter Ihrer Bilder über das äußere Erscheinungsbild von Tieren genausowenig wissen wie Sie selbst.

Grundsätzlich gelten beim Zeichnen von Tieren auch die gleichen Zeichenregeln wie o.a.

— Zeichnen Sie die komplizierten Teile wie den Kopf nach links.

— Wenn die Proportionen des Tieres besonders schwierig erscheinen, zeichnen Sie diese zuerst (Abb. 113).

— Lassen Sie auch hier die Teile weg, die Sie nicht zeichnen können, brüllende Löwen etwa (Abb. 112).

— Die meisten Tiere sind auch im Profil besser zu zeichnen.

— Kaschieren Sie viel. Katzen hinter einem Schornstein, Bären hinter Bäumen usw. Eine besondere Rolle spielt hier das Gras. Die Füße/Pfoten/Hufe usw. von Tieren sind oft in den Proportionen schwer zu treffen. Stehen die Tiere im Gras, so stellt das kein Problem mehr dar (Abb. 114).

— Legen Sie schwierige Proportionen vorher per „Grundstruktur" fest (wird weiter unten erläutert).

Zusätzlich sollten Sie bei unbekannteren Tieren in einem Lexikon nachschauen.

Die folgende Darstellung unterteilt nur in einige Tiergruppen, zeigt aber ein System, nach dem auch andere Tiergruppen gezeichnet werden können.

## 1. Insekten, Würmer und sonstige kleine Tierchen

Für eine Tafelzeichnung können Sie hier kaum genauer differenzieren. So dürfte etwa der Unterschied zwischen einer Wespe und einer Biene kaum darzustellen sein, es sei denn,
— Sie fügen die nähere, für das Tier charakteristische Umgebung hinzu, hier z.B. einen Bienenkorb und/oder einen Imker für die Bienen und ein Stück Torte für die Wespen.
— Ansonsten kann man diese Tiergruppe hinlänglich mit kleinen Punkten, Strichen, Würstchen und ggf. mit Flügeln, Ärmchen, Greifern usw. versehen (Abb. 115, 116, 117).

## 2. Reptilien

Auch hier sind die Unterschiede recht schwer zu verdeutlichen. Ausgangspunkt bildet hier ein langer, schmaler Streifen, der auf der einen Seite spitz zuläuft (Schwanz)). Von diesem Grundschema gehen Sie aus und variieren lediglich
— die Haut (Streifen, Punkte, Buckel usw.),
— den Kopf (mit oder ohne Zähnen, herausspringenden Augen, Nasenlöchern) (Abb. 118).
Noch eleganter sieht es aus, wenn Sie den Schwanz herumklappen (Abb. 118).

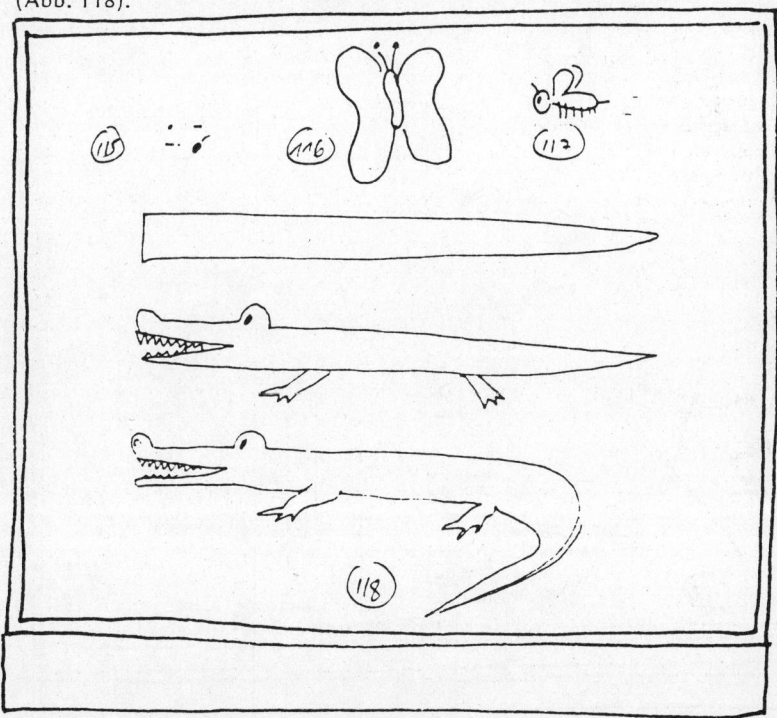

### 3. Fische

Für die Fische werden Sie sicherlich das Zeichenschema kennen. Das können Sie für die einzelnen Arten abwandeln. Versuchen Sie nicht, die einzelnen Schuppen zu zeichnen, das wäre viel zu zeitaufwendig. Sie können sich diese Arbeit ersparen, wenn Sie kreuzweise einige Diagonalen über den Fischkörper ziehen (Abb. 119, 120).

Flotter schwimmende Fische sollten Sie mit einer Bewegung versehen. Das sieht zwar kompliziert aus, ist aber mit der Zeichenanleitung einfach zu zeichnen. Sie klappen einfach den Schwanz herum, mit dem der Fisch Schwung holt (Abb. 121).

Fische sollten Sie auch mit den nötigen Attributen versehen, die einfach zu zeichnen sind und eine eindeutigere Zuordnung ermöglichen wie z.B.
— Luftblasen,
— Wasserpflanzen,
— Korallen,
— Steine (Abb. 122).

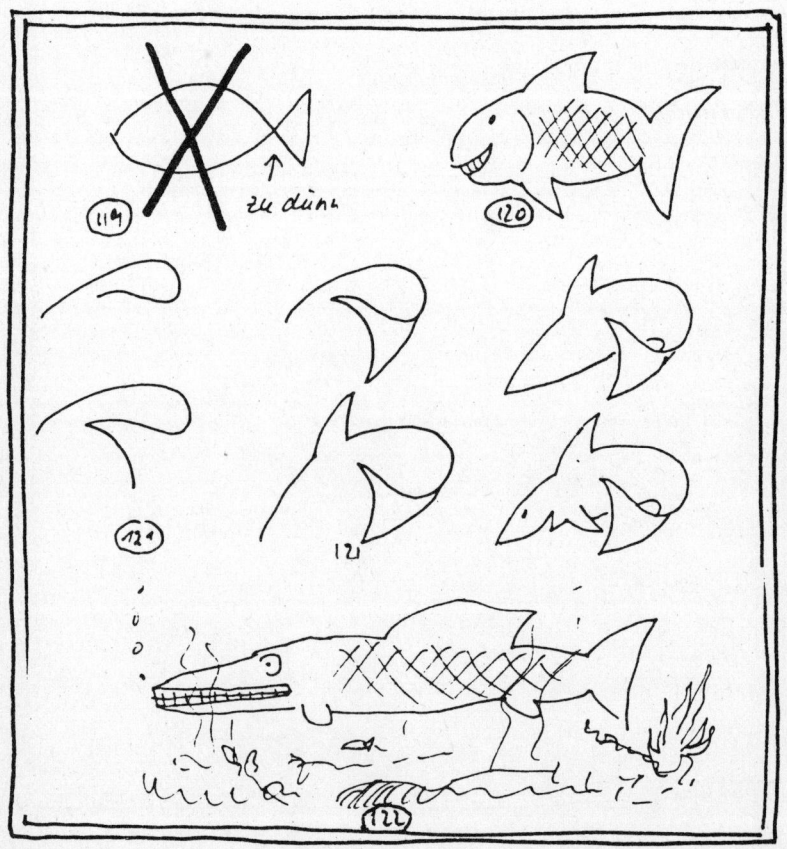

## 4. Vögel

Die Vögel sehen sich — ebenso wie die Fische — recht ähnlich. Hier können Sie drei Arten der Zeichnung benutzen, von denen zwei recht einfach sind.

### a) Fliegende Vögel, frontal (Abb. 123)

Hier sehen Sie die Vögel in Untersicht. Sie bestehen ja hauptsächlich aus den Flügeln, die Sie aneinander zeichnen und dann mit einem Kopf und den Schwanzfedern versehen. Die Differenzierungen ergeben sich je nach Vogelart aus der Art des Schnabels (Raubvögel haben einen gebogenen, nach unten spitz zulaufenden Schnabel, Enten usw. einen platten Schnabel, Spatzen usw. einen kurzen, spitz zulaufenden Schnabel usw.) und aus der Art der Flügel (Raubvögel haben weite und breite Schwingen, Schwalben schmale Flügel usw., bitte im Biologiebuch nachschauen) können Sie den Vogeltyp bestimmen (Abb. 124, 125).

Diese Art der Zeichnung hat den Vorteil, daß Sie aufgrund der Verkürzung die Körperproportionen nicht weiter berücksichtigen und auch die Beine nicht weiter mitzeichnen müssen.

*b)   Fliegende Vögel, im Profil (Abb. 126, 127)*
Das ist schwieriger zu zeichnen und Sie sollten möglichst darauf verzichten.
Man beginnt damit, den Körper zu zeichnen, der halbwegs richtig den Körperproportionen entsprechen muß. Anschließend zeichnen Sie Flügel hochgeklappt nach oben und fügen die Beine hinzu. Hier müssen Sie etwas sau-
berer recherchieren, da sich die Vögel auch durch die Art der Beine unterscheiden.

*c)   Sitzende Vögel, im Profil*
Sitzende Vögel (oder noch viel besser schwimmende Vögel, dann braucht
man die Beine und Füße nicht mitzuzeichnen) sollten Sie nur im Profil
zeichnen. Auch hier können Sie sich durch ein einfaches Zeichenschema die
Arbeit erleichtern.
   Zeichnen Sie zunächst den Kopfbogen mit dem Rücken (das ist eine
einfach zu zeichnende, sanfte Kurve), zeichnen Sie einen Flügel an, und
dann brauchen Sie nur noch den Kopf, den Schwanz und die Beine hinzuzu-
fügen (Abb. 128). Die Differenzierung nach der gewünschten Tiersorte ergibt sich aus
— der Beinlänge (Störche haben lange, Spatzen kurze Beine),
— der Fußform (Schwimmhäute?),
— der Halslänge (lang: Reiher usw.),
— der Kopfform (mit oder ohne viel Federn usw.),
— der Schwanzform (lang oder kurz) (Abb. 129, 130).
   Meines Erachtens sind lediglich Eulen frontal günstig zu zeichnen
(Abb. 131).

128

129

130

131

## 5. Säugetiere

Auch die Säugetiere sehen sich alle recht ähnlich, jedenfalls auf der Tafel. Deshalb kann man sie auf ein recht leicht zu zeichnendes Grundschema zurückführen:

— Zeichnen Sie zunächst zwei Quadrate aneinander. Teilen Sie dann die Quadrate jeweils senkrecht in der Mitte (Abb. 132).

— Verbinden Sie die auf der Zeichnung aufgeführten Punkte jeweils durch zwei Bögen (dann haben Sie bereits die wichtigsten Teile: Rücken und Bauch) (Abb. 133).

— Fügen Sie nun noch das Hinterteil und die Brust hinzu (Abb. 134).

Sie haben jetzt das Grundmodell für alle Säugetiere und müssen nur noch in folgenden Partien differenzieren:

— Beine nach Dicke: Elefanten (dick), Gazellen (dünn);

— Beine nach Länge: Dackel (kurz), Windhund (lang);

— Füße nach Art: Huftiere (Hufe), Rest (Pfoten usw.);

— Anhängsel: Schweife, Schwänze usw.;

— Hals: ist zumeist unterschiedlich lang;

— Kopf: vgl. weiter unten;

— Gesamtkörper: Windhunde sind meist dünner (proportional) als Elefanten (Abb. 134, 135, 136, 137, 138, 139).

Wenn Sie jetzt die Einzelheiten zeichnen, so denken Sie daran, die einzelnen Körperteile etwas stattlicher zu dimensionieren (ähnlich wie bei den Männchen), das hilft über manche zeichnerische Schwäche hinweg.

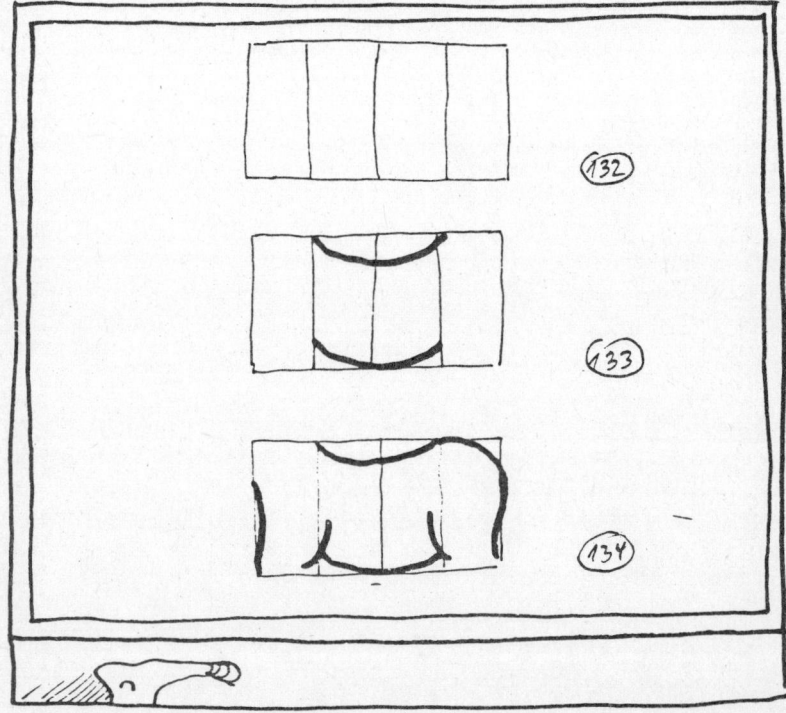

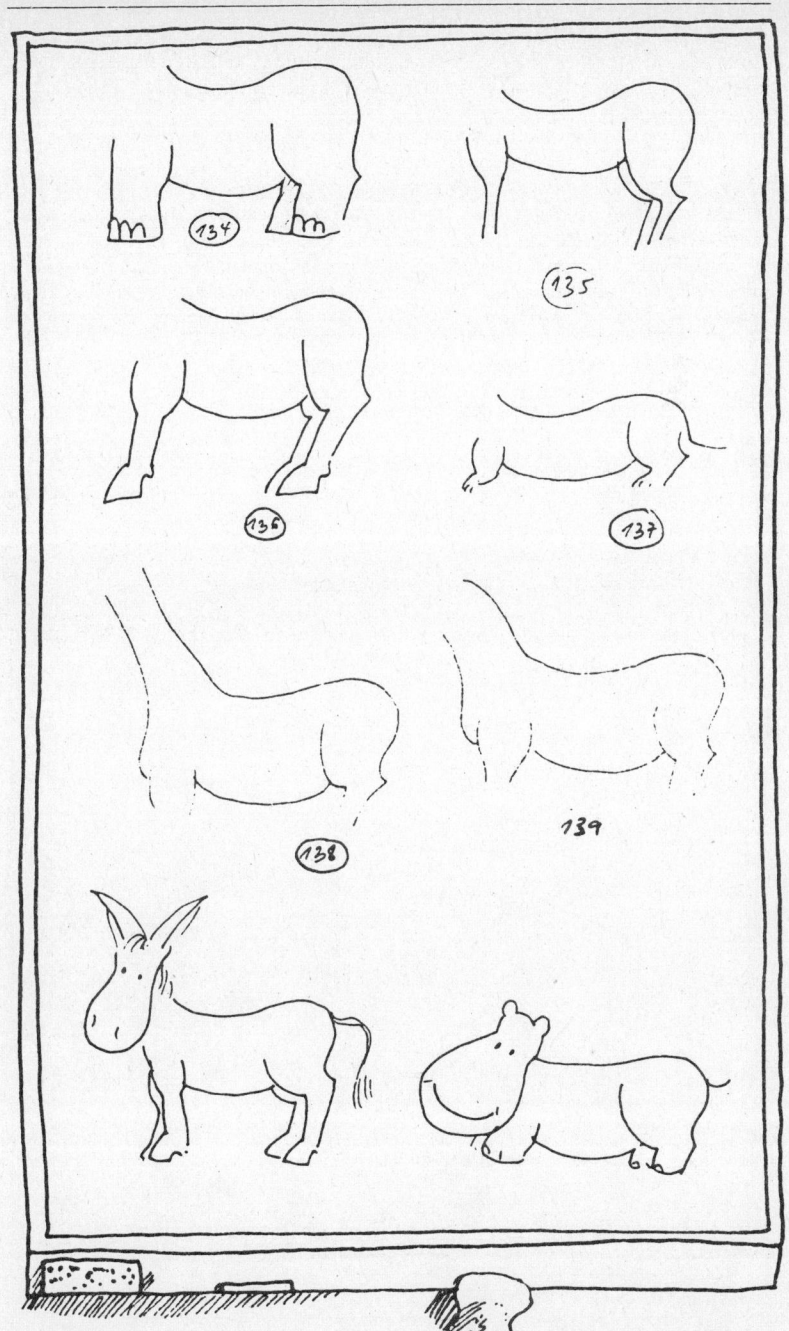

*Die Köpfe der Tiere*

Auch bei den Köpfen gibt es Ähnlichkeiten. So haben alle pferdeähnlichen Wesen einen Kopf, den man aus einem simplen, spitz zulaufenden Dreieck konstruieren kann (Abb. 140, 141, 142, 143).

Sie schneiden vorne einen Teil des Dreiecks ab, runden die Kanten ein wenig und schon haben Sie einen Pferdekopf, den Sie nur noch per Hals an den bereits gezeichneten Körper angleichen müssen.

Hunde, Katzen usw. haben im Prinzip die gleiche Kopfform, nur schneiden Sie einen größeren Teil des Dreiecks ab (Abb. 144, 145, 146)

Bei Tieren mit spitz zulaufenden Nasen (Mäuse, Ratten usw.) schneidet man natürlich nichts weiter von dem Dreieck ab (Abb. 147, 148, 149).

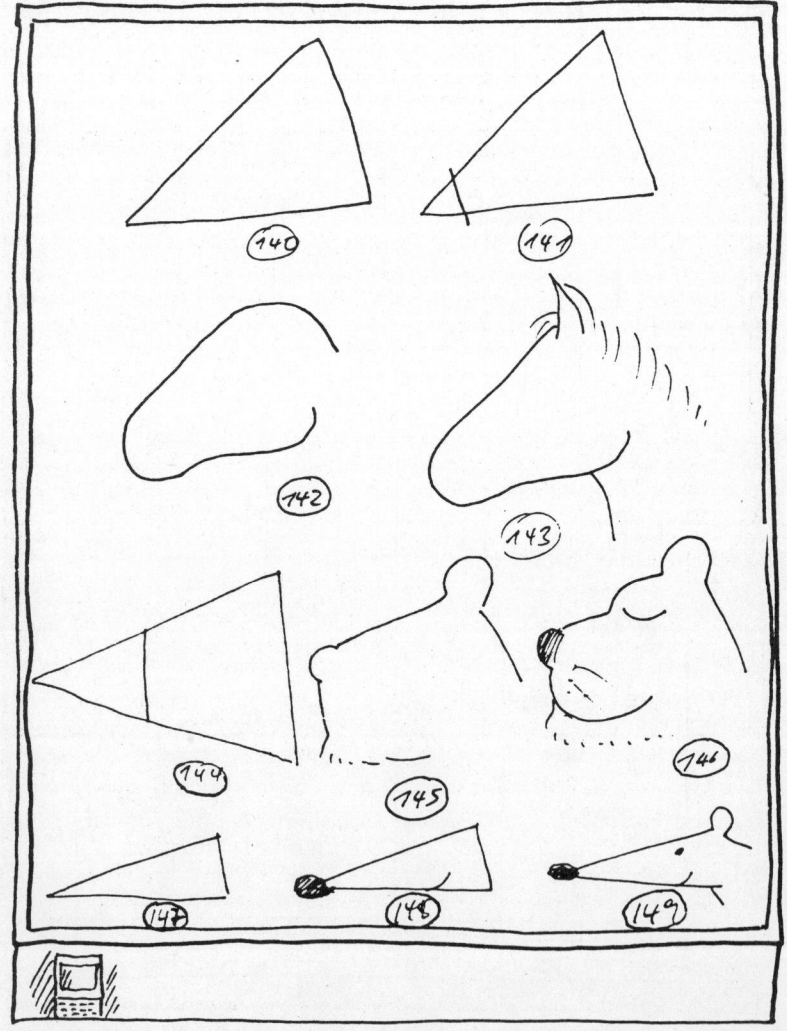

*Die Tiere in Frontalansicht*

Manche Tiere sind besonders günstig in der Frontalansicht zu zeichnen. (Sie erinnern sich: wenn man etwas durch einfache Formen kaschieren kann, dann sollte man das tun).

Das Konstruktionsschema ist denkbar einfach: ein Kreis (der Kopf) und vier Striche (die Beine) (Abb. 150).

Jetzt müssen Sie nur noch den speziellen Kopftyp anzeichnen und die Beine etwas ausführlicher gestalten (Abb. 151, 152).

Für die Köpfe von Hunden und Katzen (Unterschied s.u.) können Sie folgendes Schema anwenden (Abb. 153).

Die Konstruktion eignet sich aber nur für einige Tiere wie etwa

— Elefanten,
— Löwen,
— Schweine usw. (Abb. 154),

bei denen die Frontalansicht die Zeichnung erleichtert. Pferde z.B. sollten Sie nicht so zeichnen.

*Einige Einzelheiten*
Hufe zeichnen Sie so,
Pfoten so,
Augen so (Abb. 155, 156, 157).

*Weitere Tips*
Grundsätzlich sollten Sie alle Tiere mit etwas Umgebung auftreten lassen,
denn das erleichtert die Arbeit und ermöglicht genauere Zuordnungen.
   Wenn Sie an der Tafel z.B. einen Hund nicht deutlich genug von einer
Katze abgrenzen können, so fügen Sie eine Umgebung hinzu, die diese Zu-
ordnung bewirkt:
— (Hund) Hundehütte, Kette, Wurst (Abb. 158);
— (Katze) Fisch, Maus, Wollknäuel.
   Wenn Sie sich die Arbeit ersparen wollen, die ganzen Tierkörper zu
zeichnen, denken Sie bitte an folgendes:
— Löwen verstecken sich gern hinter Felsen.
— Eichhörnchen sind immer auf der anderen Seite des Baumes.
— Büffel und Kühe stehen immer im hohen Gras.
— . . . . . . . . . . . . . . . stehen immer hinter
— . . . . . . . . . . . . . . verbergen sich oft hinter . . . . . . . . . . . . . . .
   Nebenbei sollten Sie beachten, daß etwas „Lokalkolorit" immer leben-
dig wirkt (Abb. 159).

## Zusammenfassung

Beachten Sie die charakteristischen Merkmale der Tiere. Sie sind meist wichtiger als die Proportionen.

Versehen Sie alle Tiere mit etwas Umgebung und zeichnen Sie die Tiere immer etwas stattlicher proportioniert, das verdeckt die zeichnerischen Unfertigkeiten.

## Übungen

Gehen Sie zunächst von den einfachen Zeichenschemata aus und zeichnen Sie die unterschiedlichen Tiergruppen einmal durch. Nehmen Sie sich dann jeweils aus einer Tiergruppe ein Beispiel. Versuchen Sie zunächst, die Tiersorte durch die Änderung einiger Merkmale zu modifizieren. Machen Sie z. B. aus einem Pferd eine Giraffe.

Fügen Sie anschließend etwas Lokalkolorit hinzu, bis man das Tier eindeutig als . . . . . . . . . oder als . . . . . . . . . identifizieren kann.

Versuchen Sie erst dann, die schwierigeren Partien zu kaschieren und freuen Sie sich über die Zeichenerleichterungen.

## Pflanzen

Wie nicht anders zu erwarten, sind auch die Pflanzen in bestimmte Grundtypen aufteilbar.

Wesentliche Merkmale zur zeichnerischen Wiedergabe von Pflanzen sind
— ihr „wuseliger" Charakter, d.h., sie bestehen zumeist aus einer Unzahl von Blättern, Ästen, Halmen usw.;
— ihr markantes Erscheinungsbild, was das Profil angeht, und
— ihre charakteristische Größe.
Wie wird man nun zeichnerisch mit diesen Eigenschaften fertig?

## Bäume

Wenn Sie Blätter, Halme, Äste usw. zeichnen, so müssen Sie daran denken, daß z.B. ein Baum nicht wie ein Wollknäuel aussieht und daß die Blätter z.B. alle ihren festen Platz haben. Denken Sie gleichzeitig daran, daß die Bäume zwar einen charakteristischen Umriß haben, der aber nicht so markant als Linie in Erscheinung tritt. Zeichnen Sie von daher
— Blätterpartien mit kleinen Strichen, Häkchen, Kringeln usw.,
— und zwar entlang der charakteristischen Profillinie,
— unten etwas mehr (da liegen die Schatten),
— und fügen Sie dann einige Äste hinzu.
Sie sehen, das geht genauso schnell, als wenn Sie einen solchen Wattebauschbaum zeichnen (Abb. 160, 161).

Wenn Sie einzelne Äste zeichnen wollen, verfahren Sie ähnlich. Zunächst zeichnen Sie die ungefähren Umrisse des belaubten Astes mit kleinen Pünktchen, Strichen usw., fügen den Ast hinzu (Äste sind übrigens knorrig

und nicht so glatt wie ein Lineal). Die Binnenform können Sie dann, wenn
Sie wollen, noch durch kleine Häkchen auffüllen. Weiter entfernte Partien
des Baumes bzw. des Astes zeichnet man dünner und detailärmer (Abb.
172).
Bäume haben Wurzeln. Diese sieht man jedoch nicht, bzw. Sie verdek-
ken diese durch Gras, Moos usw. (Abb. 160).

## Sträucher

Sträucher sind wegen ihrer amorphen Form einfach zu zeichnen, sind dafür
aber auch einer bestimmten Strauchsorte schwer zuzuordnen. Auch Sträucher bestehen aus unzähligen kleinen Blättchen usw. Sie sind von daher auch
im Umriß und in der Binnenform mit kleinen Häkchen zu zeichnen. Die
Wurzeln sollten Sie ebenfalls mit Gras verdecken (Abb. 163, 164).

## Gräser

Nun zu den Gräsern selbst. Sie müssen hier zweierlei bedenken. Erstens sind
Gräser leicht und duftig zu zeichnen (Blüten usw. als kleine Pünktchen),
zweitens können Sie, wenn Sie z.B. auf einen Rasen schauen, nur die vor-
derste Grasreihe in voller Länge sehen. Der gesamte Rest des Rasens erscheint als eine Ansammlung von Spitzen, gezeichnet Pünktchen (Abb. 165).

## Blumen

Blumen dürfte wohl jeder zeichnen können. Deshalb zeige ich Ihnen hier nur
eine kleine Auswahl.
Zu bedenken ist hier lediglich, daß Sie die Blüten nicht mit zu dicken
Strichen zeichnen (Blütenblätter sind zart) (Abb. 166).


## Zusammenfassung

Pflanzen brauchen zumeist nicht so genau charakterisiert zu werden, da die
wenigsten Zeichner und Rezipienten über die nötigen Detailkentnisse verfügen. Begnügen Sie sich daher in den meisten Fällen mit einer Unterscheidung
in die groben Gruppen (Baum, Strauch usw.) und versuchen Sie, den Ober-
flächencharakter der Bäume zu erfassen.


## Übungen

Zeichnen Sie zunächst den Umriß eines Baumes gestrichelt mit kleinen
Kringeln nach. Probieren Sie aus, wieviel Striche notwendig sind, damit
Ihnen der Baum gefällt. Zeichnen Sie dann einen Baum, bei dem Sie die
Schatten betonen, indem Sie die Strichelchen unten (in den Schatten-
partien) häufen.
Anschließend zeichnen Sie bitte unterschiedlich hohe Bäume und Sträu-
cher, bis Sie auch die charakteristische Größe richtig zugeordnet haben.
Versehen Sie dann alle Bäume, die Sie bis dahin gezeichnet haben, mit
einem „Grasfußboden" und vergleichen Sie.

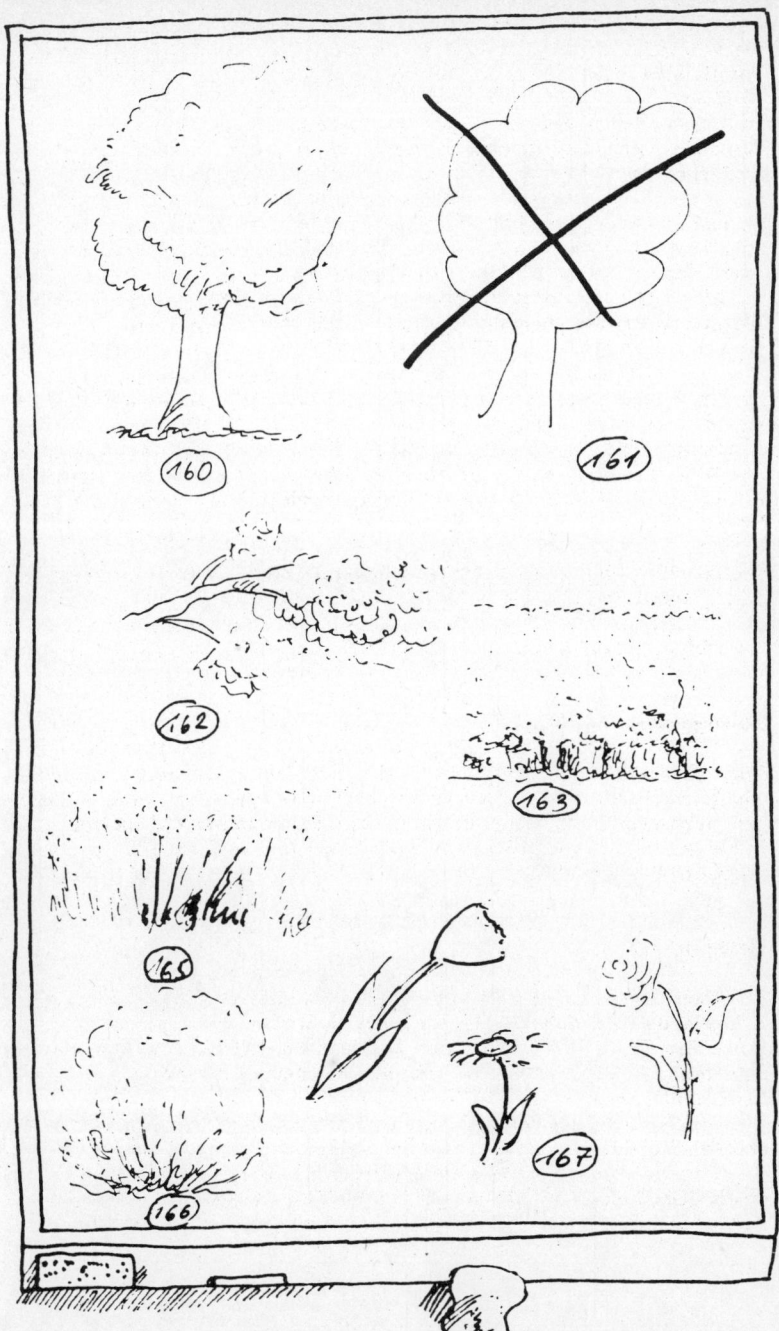

# 6  Perspektive, Landschaft und Innenräume

## Perspektive

Bevor ich mit den Gegenständen beginne, noch ein kleines Kapitel zur Perspektive. Erscheint es Ihnen zu schwer, können Sie es überschlagen und die Gegenstände alle möglichst flächig und im Profil zeichnen.

Dieses Kapitel ist keine wissenschaftliche Aufarbeitung der Perspektive, sondern beschäftigt sich nur mit zwei Phänomenen, nämlich mit

— den Tiefenlinien. Wie zeichnet man die in die Tiefe des Raumes verlaufenden Linien richtig (z.B. die einer Straße)?

— der Verkleinerung der Objekte in wachsender Entfernung. In welchem Maßstab sind weiter entfernte Objekte zu zeichnen?

Das perspektivische Bild ist eine Annäherung an das auf die Netzhaut entworfene Bild. Zu seiner Konstruktion benutzt man von daher einige Kenntnisse aus der Optik und der Geometrie (keine Angst, es wird nicht komplizierter).

Ich beginne mit einem Bild (Abb. 167). In einer Ecke eines Zimmers sind Bananenkästen bis zur Decke hochgestapelt. Sie sollten sich dieses Bild gut einprägen, denn mit seiner Hilfe können Sie sich die wesentlichen Prinzipien einer perspektivischen Zeichnung mühelos wieder ins Gedächtnis rufen. Stellen Sie sich nun die Kisten einzeln vor (Abb. 168):

— in die unteren Kisten können Sie hineinschauen.

— in die oberen Kisten können Sie nicht mehr hineinschauen, dafür aber die Böden der Kisten sehen.

— in die Kiste, die sich etwa in der höhe Ihres Kopfes befindet, können Sie weder hineinschauen noch den Boden sehen.

Stellen Sie sich nun die Kiste in unterschiedlichen Entfernungen von Ihrem Standpunkt vor . . . . . . . . . . . . . . und . . . . . . . . . . . . . . Richtig, das Ergebnis ist das gleiche wie oben. Der einzige Unterschied liegt in der unterschiedlichen Größe der Kisten.

Die Erkenntnisse, die Sie hieraus ziehen können, liegen auf der Hand:

— auf alle Objekte, die unterhalb Ihrer Augenhöhe liegen, blicken Sie hinab.

— zu allen Objekten, die genau in Ihrer Augenhöhe liegen, blicken Sie hinauf.

— die Objekte, die genau in ihrer Augenhöhe liegen, sehen Sie weder in Untersicht, noch in Aufsicht.

Schauen Sie sich um und finden Sie einige Beispiele.

— Man schaut z.B. unter den Türsturz (oben),

— oder auf den Schreibtisch,

— und von unten hinauf zu den Fenstern im dritten Stock (man könnte sagen, Objekte, die über der eigenen Augenhöhe liegen, blicken auf uns herab, wie dies bereits Napoleon formulierte).

Aus diesen Erkenntnissen leitet sich die erste Stufe der perspektivischen Zeichnung ab.

Alle Motive werden im Verhältnis zur menschlichen Augenhöhe gezeichnet. Schaut man beispielsweise in eine Straße, dann sieht das so aus:

— Die untere Häuserkante, auf die wir schauen, verläuft nach oben.

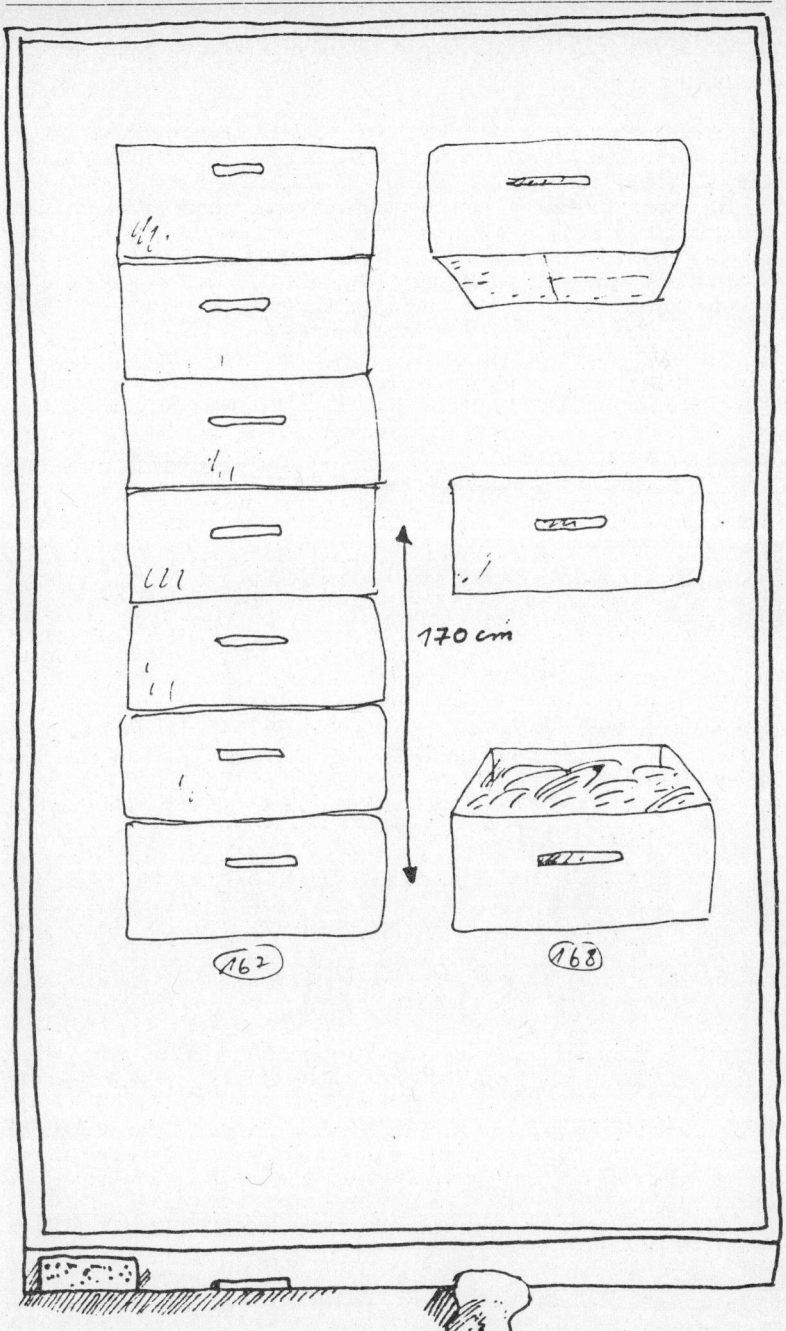

- Die erste Fensterreihe ist noch in Augenhöhe (Abb. 169).
- Die weiteren Fensterreihen liegen oberhalb der Augenhöhe.
- Auf das Dach kann man nicht blicken.

Kehren wir nochmals zu den Bananenkisten zurück. Schauen Sie bitte noch einmal die oberste und die unterste Kiste an. Sie werden bemerken, daß die nach hinten laufenden Kanten der Kiste eine bestimmte Richtung haben, und zwar (Abb. 170):

- die oberen Kanten (Tiefenlinien) laufen (vom Betrachter aus gerechnet) von oben schräg nach unten;
- die unteren Tiefenlinien laufen von unten schräg nach oben.

Die senkrechten Linien bleiben senkrecht, die waagerechten Linien bleiben waagerecht.

Vergleichen Sie bitte mit dem Straßenbild (Abb. 169):

- Auch hier laufen die Linien entweder von unten nach oben
- oder von oben nach unten.

Diese Erscheinung findet man überall da bemerkenswert deutlich, wo z.B. parallele Häuserkanten, Straßenbahnschienen, Straßenkanten, Telegrafenmasten in die Tiefe laufen.

Fluchtpunkt

169

Gehen wir einen Schritt weiter. Für die Tafelzeichnung sollten Sie immer mit dem einfachsten Fall rechnen, hier damit, daß die Gegenstände im Bildraum immer schön symmetrisch und parallel angeordnet sind. Für diesen Fall bietet sich eine enorme Zeichenerleichterung an, nämlich der Fluchtpunkt. Sie werden bemerken, daß, wenn Sie die Bananenkisten halbwegs ordentlich gezeichnet haben, die in die Tiefe gehenden Linien sich in einem Punkt treffen, dem Fluchtpunkt.

Wenn Sie also Linien zeichnen wollen, die in die Tiefe laufen sollen, dann zeichnen Sie zunächst den Fluchtpunkt, und dann lassen Sie die in die Tiefe laufenden Linien durch den Fluchtpunkt laufen, die unteren Linien schräg nach oben, die oberen Linien schräg nach unten — fertig.

Mit Hilfe dieser in die Tiefe gehenden Linie können Sie auch die Größe weiter entfernter Gegenstände bestimmen (was allerdings für eine Tafelzeichnung nicht so wichtig ist).

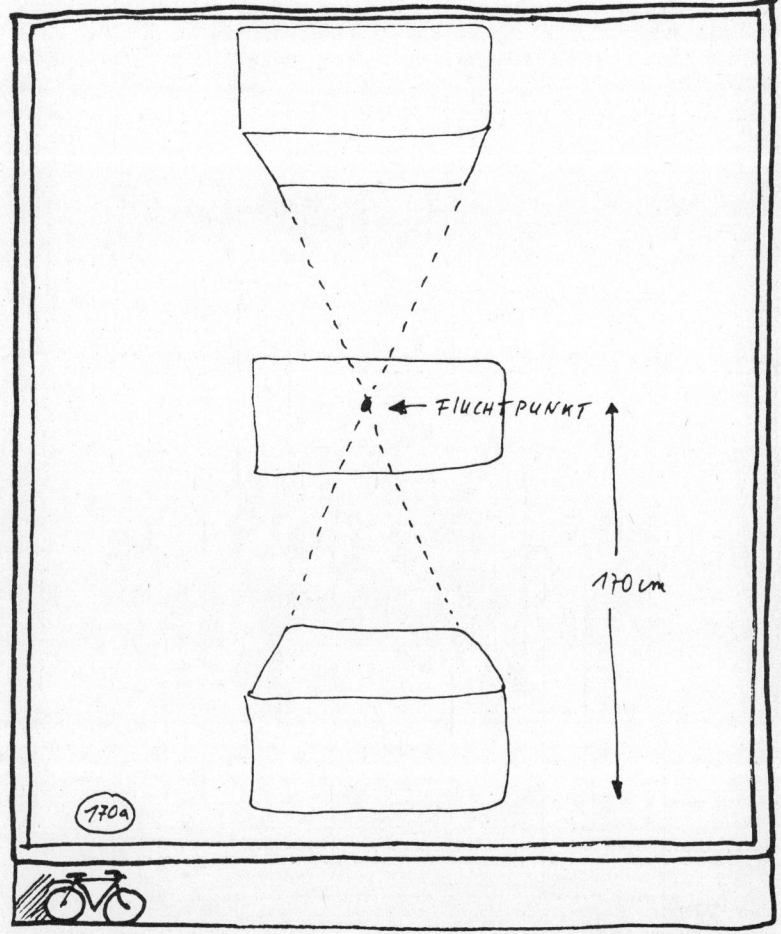

Der Fluchtpunkt nämlich liegt genau in der Höhe ihrer Augen, gleichgültig, ob Sie sich auf einem Hochhaus befinden oder ob Sie auf dem Boden liegen. Und — wenn Sie sich an die Bananenkisten erinnern — alle Motive, die genauso groß sind wie Sie selbst, liegen in der gleichen Höhe (vergleichen Sie die mittlere Bananenkiste — in die können Sie nie hineinschauen, gleichgültig, wie weit weg Sie sind) (Abb. 170 a).

Wenn Sie nun parallel zur Bildkante eine Linie durch diesen Fluchtpunkt ziehen, so erhalten Sie den Horizont.

Ich wiederhole noch einmal die Schritte am Beispiel eines Tisches:
— Zeichnen Sie den Fluchtpunkt ein, dann den Horizont;
— dann die Höhe des Tisches (etwa die Hälfte der Augenhöhe) (Abb. 171);
— die waagerechten Kanten bleiben waagerecht (Abb. 172);
— die senkrechten Kanten bleiben senkrecht (Tischbeine);
— die Tiefenlinien laufen auf den Fluchtpunkt zu und zwar von unten nach oben (Abb. 173).

(Wie tief ist der Tisch — das kann man selbstverständlich berechnen — für die Tafel genügt hier eine Schätzung.)

## Zusammenfassung

Sie können sich immer an den Bananenkisten orientieren, ersatzweise immer an den Raum, in dem Sie sich befinden. Denken Sie daran, in welche Kiste Sie hineinschauen können und in welche nicht.
— Zeichnen Sie immer zuerst den Fluchtpunkt ein.
— Scheuen Sie sich nicht davor zurück, Hilfslinien zu zeichnen.
Auch wenn es bei einigen Motiven schwerfällt: Senkrechte bleiben immer senkrecht.

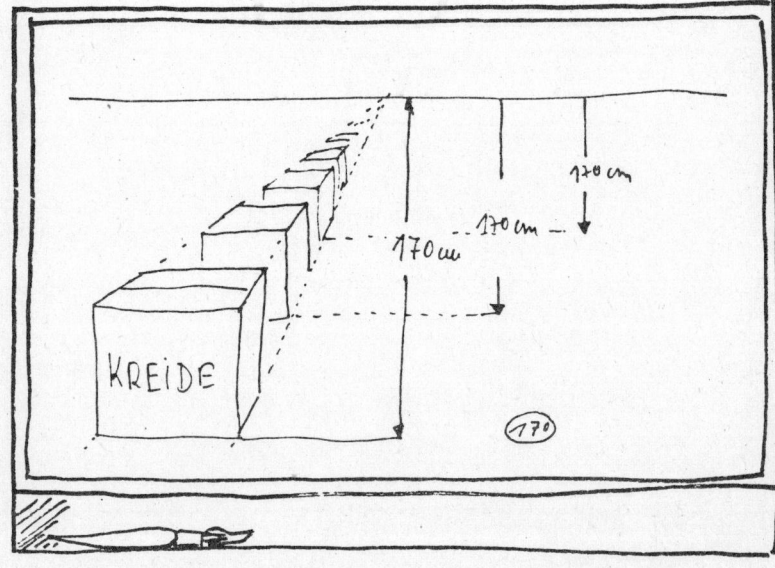

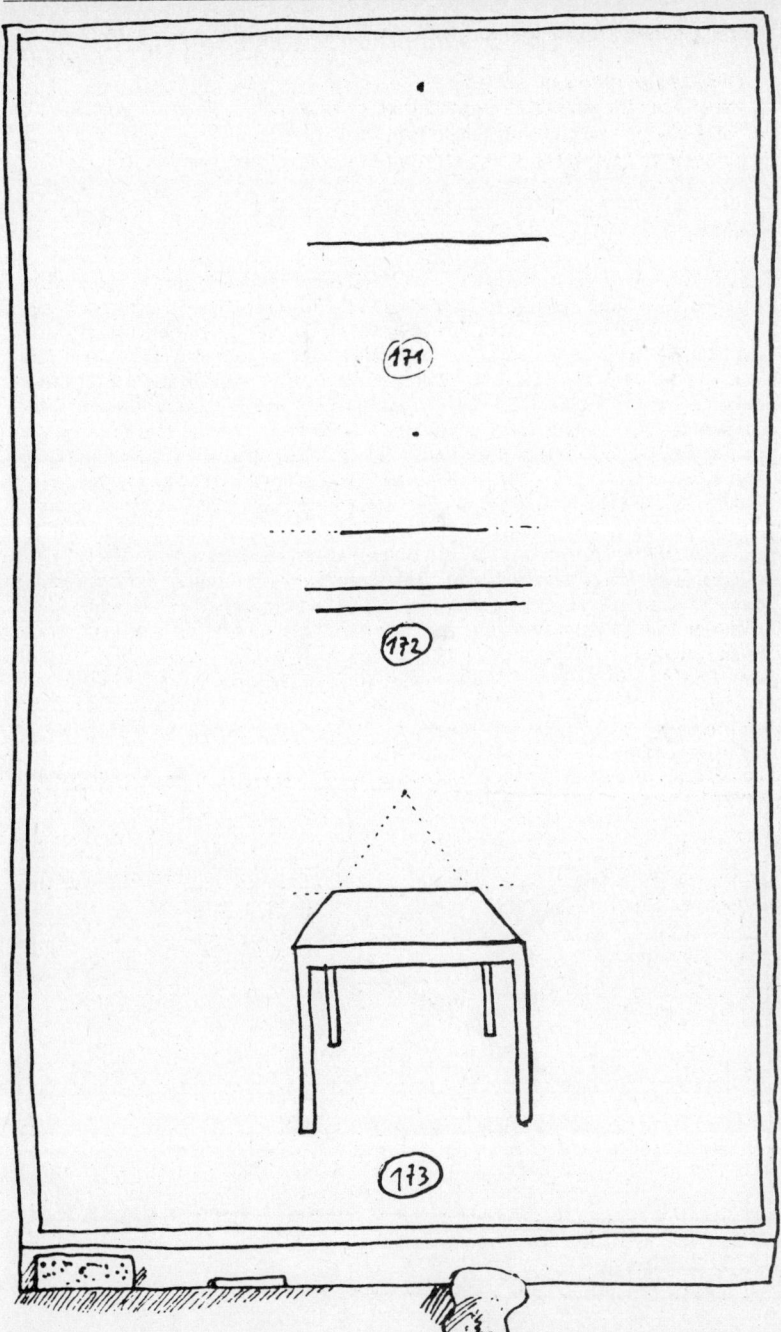

## Einige typische Fehler beim perspektivischen Zeichnen

— Die Senkrechten sind schräg.
— Die Tiefenlinien laufen in der falschen Richtung.
— Die Gegenstände werden nach hinten nicht kleiner.
— Die Gegenstände werden nach hinten nicht schmaler (Abb. 174).

## Übungen

Beginnen Sie mit einfachen, von oben gesehenen Würfeln und Quadern. Das ist zwar nicht sehr animierend, dafür aber auch nicht zu schwer. Versuchen Sie dann, einige auf dem Boden liegende Würfel dem gleichen Fluchtpunkt zuzuordnen. Dabei müssen die Vorderkanten der Würfel parallel zur Bildkante stehen. Erweitern Sie die Zeichnung durch einige in der Luft schwebende Würfel, bis Sie die Gewißheit haben, daß Sie die Linien in der richtigen Schräge nach unten oder nach oben zeichnen. Wenn Sie bei der anschließenden Übung Schwierigkeiten haben, kehren Sie bitte zur ersten Übung zurück. Es ist verheerend, sich ein falsches Perspektiv-System anzueignen.

Zeichnen Sie anschließend eine Straße, die auf den Horizont zuläuft. Wählen Sie unten die ganze Breite des Blattes für die Straßenbreite und legen Sie den Fluchtpunkt ca. 6 cm von der unteren Blattkante entfernt. Dort befindet sich auch der Horizont. Zeichnen Sie nun einige weiter entfernte Männchen auf die Straße. Richtig, der Kopf liegt in der Höhe des Horizonts. Zeichnen Sie anschließend einige Kartons in die Landschaft mit ein. Auch richtig, sie liegen alle unterhalb des Horizonts. Jetzt können Sie auf der gleichen Ebene, auf der ein Männchen steht, ein Haus einzeichnen. Das Haus ist ungefähr 3 bis 4 Körperlängen höher als der Mann und überragt deutlich den Horizont. Fügen Sie weitere Motive hinzu und benutzen Sie die eingezeichneten Männchen als Höhenkorrektiv.

## Landschaften

Um dieses Kapitel zu verstehen, sollten Sie am besten das Perspektiv-Kapitel zumindest durchgelesen haben.

Wenn Sie eine Landschaft zeichnen, so besteht das schwierigste Problem darin, der Landschaft Tiefe zu verleihen.

Dieses Problem lösen Sie in altbekannter Weise.

— Kaschieren Sie größere Partien der Landschaft durch Bäume, Sträucher, Gras, Häuser usw.

— Zeichnen Sie die wesentlichen Partien (meist im Vordergrund) groß und deutlich.

— Lassen Sie schwierige Partien (asymmetrische Hausansammlungen z.B.) einfach weg.

Die Tiefenwirkung einer Landschaft erzeugen Sie mit folgenden Mitteln:

— verbinden Sie die vorne liegenden Motive mit den hinteren Bildpartien durch Diagonalen (denen dann das Auge folgen kann);

— zeichnen Sie in den ganz weit entfernten Hintergrund einige klitzekleine Häuschen, Kirchen, Bäumchen usw. Dann weiß man aufgrund der Größenverhältnisse, daß diese Motive sehr weit entfernt sind (Sie erinnern sich vielleicht noch an die Vorbemerkung zum symbolhaften Sehen);

— und zeichnen Sie die hinten liegenden Motive schwach und undeutlich — die sind ja auch nicht so wichtig;

— kaschieren Sie Teile des Bildes durch eine Seitenkulisse: Sie brauchen dann nicht so viel zu zeichnen, und eine vom Bildrand angeschnittene Seitenkulisse wirkt optisch näher als ein nicht angeschnittenes Motiv;

— verstärken Sie den Eindruck einer räumlichen Entfernung, indem Sie die hinten liegenden Motive dichter aneinander zeichnen als die Motive, die vorne liegen;

— Bodenwellen stellen eine vorzügliche Möglichkeit dar, Tiefe zu erzeugen, da sie ähnliche Funktionen erfüllen wie die Seitenkulissen (Abb. 175, 176, 177).

## Übungen

Zeichnen Sie eine einfache Landschaft: hinten einige Hügel, vorne ein
Strich. Probieren Sie nun aus, wieviel Details (Kulissen, Wege, Häuser am
Horizont usw.) Sie hinzufügen müssen, damit die Landschaft an Tiefe ge-
winnt.

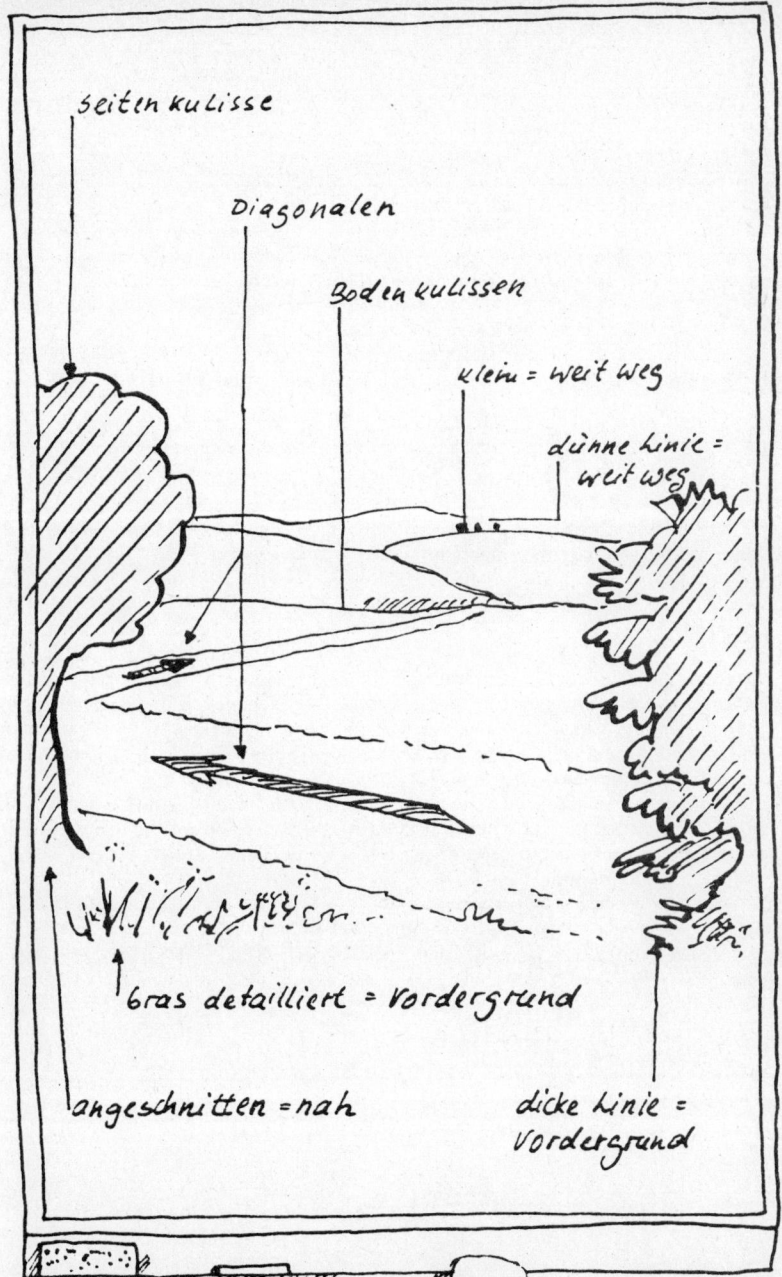

seiten kulisse

Diagonalen

Boden kulissen

klein = weit weg

dünne Linie = weit weg

Gras detailliert = Vordergrund

angeschnitten = nah

dicke Linie = Vordergrund

## 68

### Innenräume

Für dieses Kapitel sollten Sie den Abschnitt über Perspektive durchgearbeitet haben.

Innenräume sind schwer zu zeichnen und Sie sollten nach Möglichkeit davon absehen (das liegt daran, daß die Perspektive nicht mehr so recht naturalistisch wirkt, wenn die Motive sehr dicht beim Betrachter liegen). Für die Innenräume müssen Sie viel „konstruieren".

— Zeichnen Sie zunächst den Fluchtpunkt ein;
— Bestimmen Sie die Höhe des Raumes (Faustregel: doppelte Körperhöhe), indem Sie zunächst eine Waagerechte unterhalb des Fluchtpunktes zeichnen (Scheuerleiste), dann oberhalb des Fluchtpunktes (Decke) (Abb. 178);
— Bestimmen Sie dann die Breite des Raumes ( . . . . . . . . . . . . . . . .);
— Ziehen Sie dann vom Fluchtpunkt aus Linien zu den Raumecken und verlängern Sie diese — dann erhalten Sie die seitlichen Kanten des Raumes (Abb. 180);
— Wenn Sie jetzt ein weiteres Motiv einzeichnen wollen, sollten Sie es immer parallel zu den Raumkanten anordnen, dann haben Sie für die Kanten des Motivs (z.B. für einen Schrank) den gleichen Fluchtpunkt wie für den Raum (Abb. 181);
— Die Höhe der weiteren Motive richtet sich nach der Augenhöhe. Sie können das natürlich auch nach der Zimmerhöhe abschätzen.

### Übungen

Schauen Sie sich zunächst um und prägen Sie sich ein, welche Linien des Raumes, in dem Sie sich momentan befinden, nach unten und weiche nach oben verlaufen. Dazu ist es allerdings notwendig, daß Sie sich parallel zu einer Wand aufstellen. Ist das Ergebnis nicht so sehr deutlich, weil der Raum zu klein ist, gehen Sie auf einen Flur.

Zeichnen Sie dann wie oben angegeben einen Raum und beginnen Sie mit der Einrichtung. Zeichnen Sie zunächst einen Tisch an die Ihnen zugewandte Seite und achten Sie auf seine Höhe (deutlich unterhalb des Fluchtpunktes). Zeichnen Sie anschließend ein Fenster ein. Das hat automatisch die richtige Höhe, weil es erst oberhalb des Tisches anfängt (jedenfalls, wenn Sie den Tisch richtig eingezeichnet haben).

Installieren Sie nun nach diesem Muster weitere Einrichtungsgegenstände.

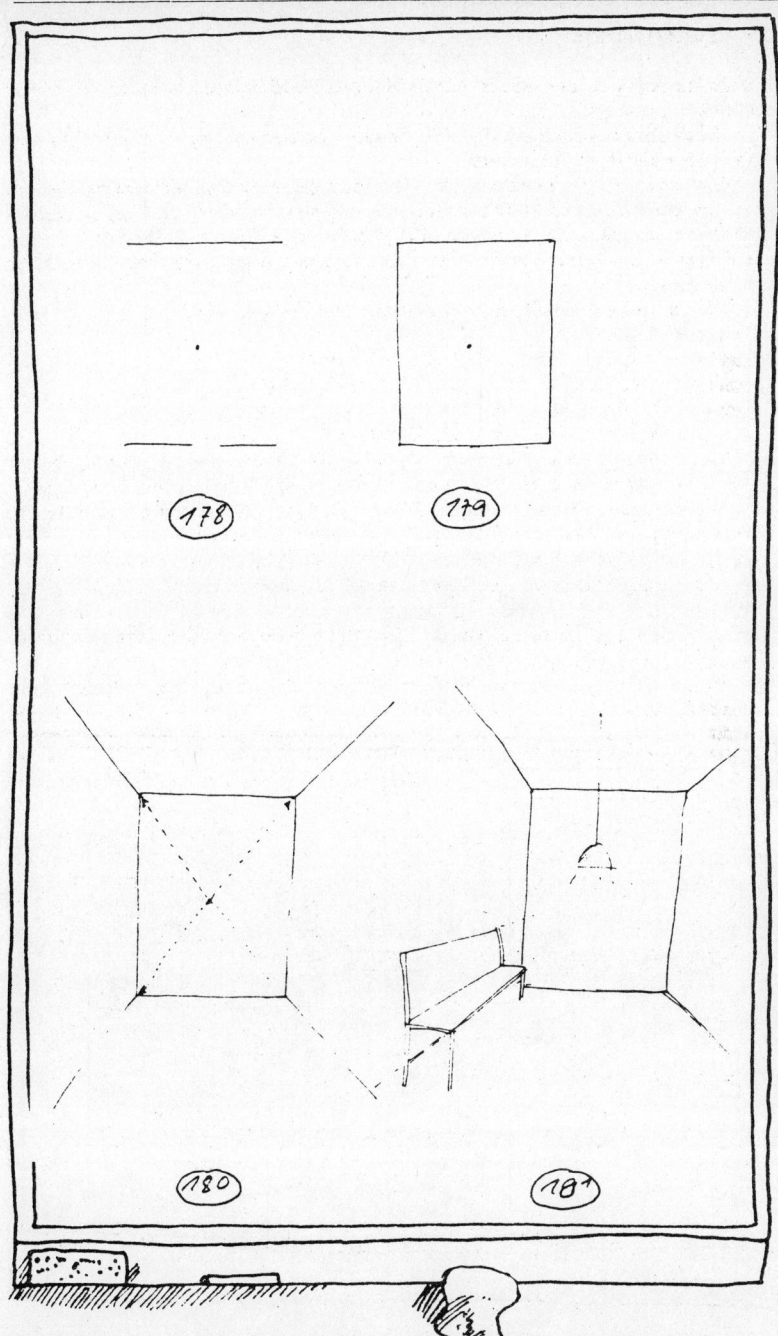

# 7 Gegenstände

Leider lassen sich die Gegenstände nicht so einfach wie die Tiere z.B. in einzelne Gruppen aufteilen.

Viele Gegenstände sind jedoch nicht allzu schwierig zu zeichnen, wenn man folgende Regeln beachtet:

— Es gibt viele Gegenstände, die in einfache geometrische Formen passen. Hier zeichnen Sie die einfache geometrische Form vor (vgl. Tips 7 und 8) und füllen sie dann aus. Das hat den Vorteil, daß Sie zunächst recht genau die Proportionen des Gegenstandes erfassen können, ohne von Details abgelenkt zu sein.

Die einfachen geometrischen Formen sind
- o der Kreis,
- o das Quadrat,
- o das Rechteck,
- o das Dreieck und
- o die Ellipse (Abb. 182, 183, 184).

— Es gibt auch viele Gegenstände, die man aus einfachen geometrischen Formen zusammensetzen kann. Kombinationen von Rechtecken, Quadraten, Kreisen usw. ermöglichen es Ihnen, fast jeden Gegenstand zu zeichnen. Bei so einfachen Grundformen hat man auch weniger Hemmungen, an die Tafel zu gehen (Abb. 185, 186, 187, 188, 189, 190).

— Es gibt aber auch einige Gegenstände, die man in der Profilansicht nur schwer erkennen kann. Hier ist es oft notwendig, einige in die räumliche Tiefe gehende Linien zu zeichnen. Es ist aber meist nicht erforderlich, diese Linien perspektivisch durchzukonstruieren (wenn Sie das können — umso besser), sondern sich an die im Perspektivkapitel angegebenen Faustregeln zu halten (Abb. 191, 192, 193, 194, 195, 196).

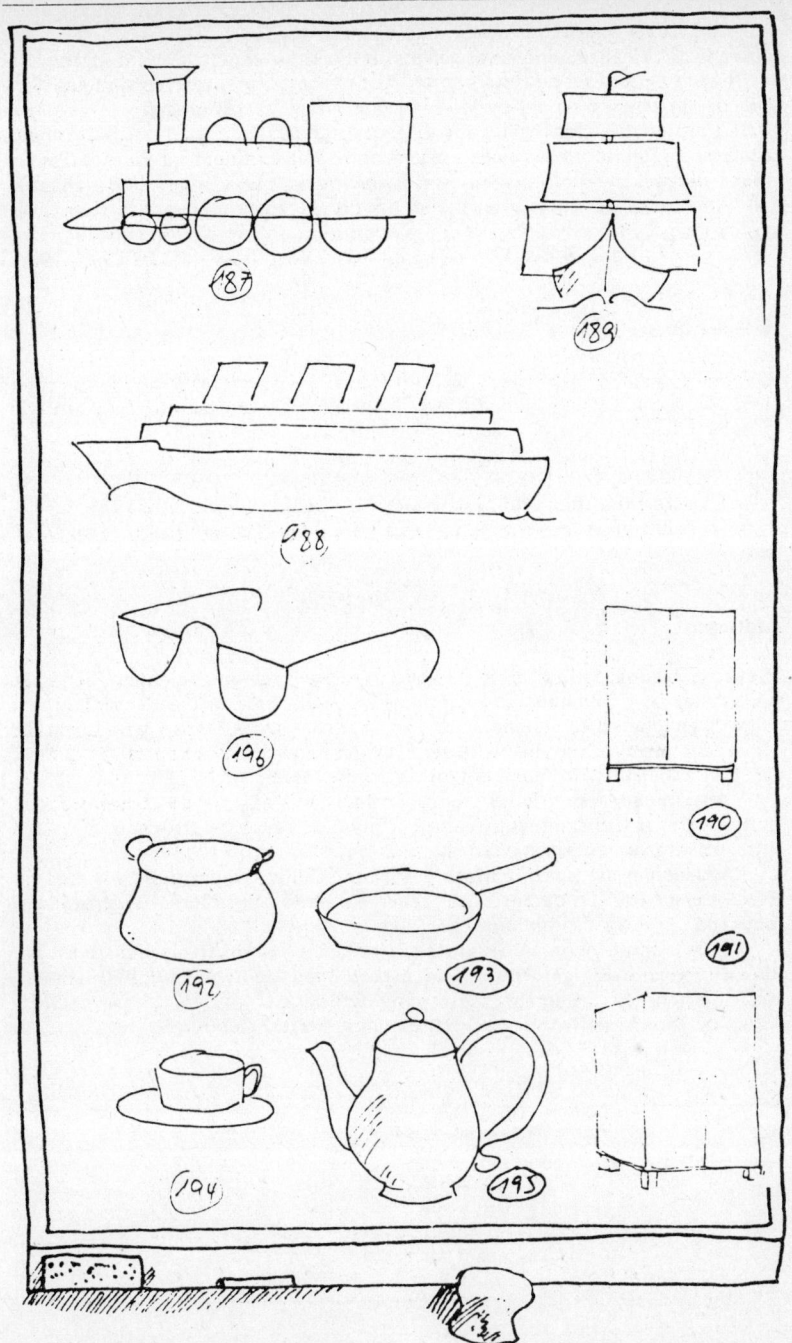

187

189

188

196

190

192

193

191

194

195

— Bei einigen Gegenständen sollten Sie Vorsicht walten lassen (also am besten auf eine zeichnerische Darstellung verzichten). Das sind solche Gegenstände, die aus geschwungenen Linien zusammengesetzt sind und die Sie perspektivisch zeichnen wollen. Durch die Verkürzungen ergeben sich hier Formen, die deswegen schwierig zu zeichnen sind, weil man sie zumeist optisch „hochklappt". Solche Gegenstände sollten Sie in „durchsichtige Kisten" einpacken, die Sie wiederum einfach zeichnen können und sich dann an den Maßen der Kiste orientieren, um die Gegenstände einzuzeichnen. Bevor Sie das tun, sollten Sie allerdings überlegen, ob sich die Gegenstände besser im Profil oder in der Frontalansicht darstellen lassen (Abb. 199, 199 a).

## Weitere Tips

Gegenstände schweben meist nicht frei im Raum, sondern stehen auf einer Unterlage. Sie können nun mit der Unterlage der Zeichnung einen naturalistischen Anstrich geben, indem Sie sie einfach
— Wellen (z.B. bei Moosuntergrund),
— Grasbüscheln (untere Häuserkante) und/oder
— Schatten versehen (auf einer glatten Unterlage) (Abb. 197, 198).
Das geht genauso schnell, als wenn Sie einen glatten Strich ziehen würden.

## Übungen

Gehen Sie zunächst von den einfachen Formen aus und zeichnen Sie einige Quadrate usw. Zeichnen Sie nun einige Gegenstände in die Formen hinein und vergleichen Sie. Welche Form ist optimal für das Motiv? Versuchen Sie auch, das Motiv ohne die Hilfe der Formen zu zeichnen und stellen Sie fest, ob Ihnen die Hilfsformen überhaupt Vorteile bieten.

Anschließend probieren Sie diesen Mechanismus mit den Gegenständen durch, die aus zusammengesetzten Teilen bestehen. Versuchen Sie auch hier, qualitative Unterschiede festzumachen.

Versuchen Sie dann, einfach geformte, kleine Gegenstände wie z.B. ein Buch perspektivisch darzustellen, gehen Sie dann zu größeren Gegenständen über (das ist etwas komplizierter).

Zum Schluß nehmen Sie bitte einen leeren Schuhkarton und stellen Sie einen unregelmäßig geformten Gegenstand hinein, einen Schuh beispielsweise. Übernehmen Sie in Ihre Zeichnung, wo der Schuh den Karton berührt. Das sind Ihre Anhaltspunkte für eine komplizierte Zeichnung.

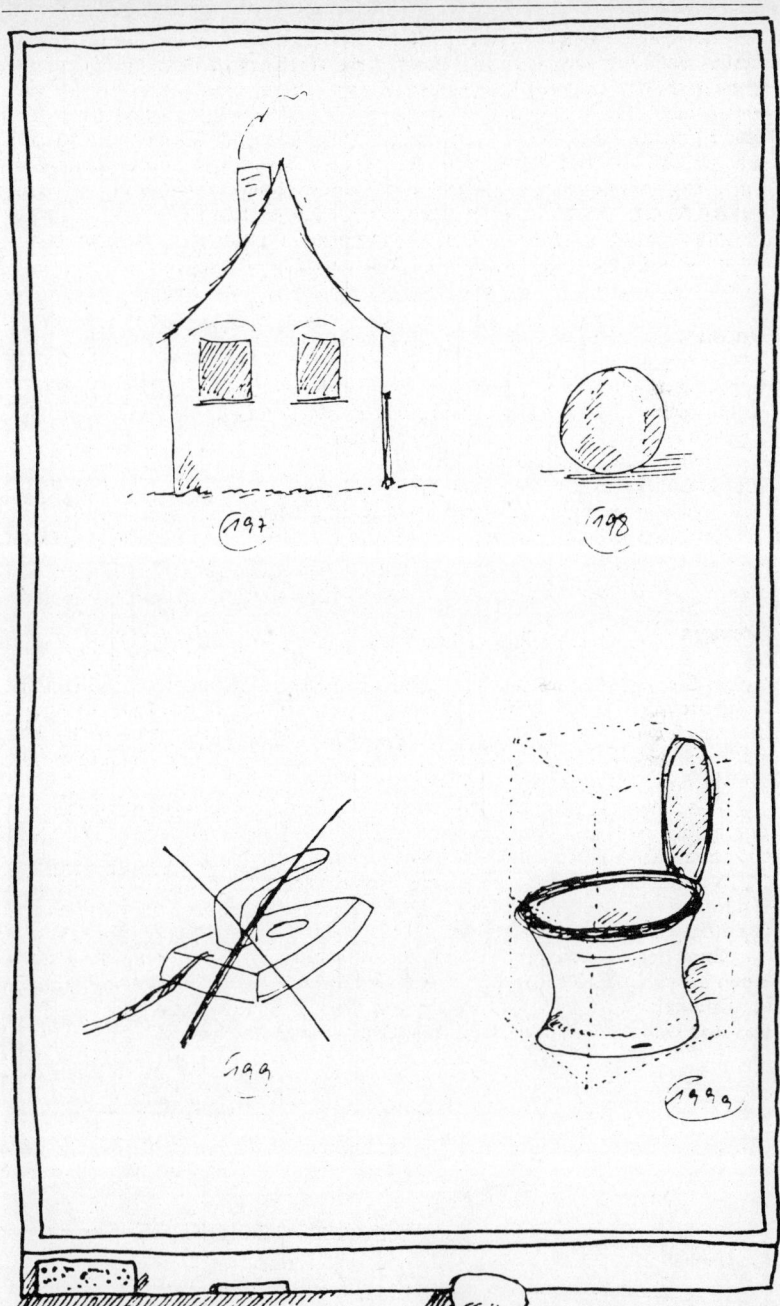

197

198

199

1999

# 8 Illustrationen

## Überblick-Illustrationen

Überblick-Illustrationen dienen dazu, einen Verlauf (meist zeitlicher Art) darzustellen. So muß eine Illustration mit dem Titel: „Vom Schaf zum Pulli" die unterschiedlichen Verarbeitungsstadien und -zustände der Wolle darstellen.

Grundsätzlich ist bei solchen Illustrationen zu beachten:

— Die Leserichtung (von links nach rechts); so wäre also zunächst das Schaf links, dann die weitere Verarbeitung rechts zu zeichnen.

— Das Heftformat. Seien Sie gnädig mit Ihren Schülern und zeichnen Sie nicht eine doppelt aufgeklappte Tafel quer voll. Das bekommt kein Schüler auf DIN A 4.

— Beachten Sie weiterhin, daß Sie zwei Ebenen zur Verfügung haben: während sich die hauptsächliche Folge in der waagerechten Ebene abspielt, können Sie ohne Schwierigkeiten oberhalb der Zeichnung und unterhalb der Zeichnung Kommentare oder weitere Zeichnungen anbringen (und auch noch systematisch von einander unterscheiden). In diesem Beispiel etwa können unten die mit der Bearbeitung des Wollprodukts jeweils beschäftigten Berufe auftreten.

— Eine Überblick-Illustration sollte aber eine Überblick-Illustration bleiben. Zeichnen Sie also lieber nicht die ganze Tafel voll oder differenzieren Sie nach Farben.

— Farben helfen oft sehr schön, besondere Bedeutungsakzente zu setzen. Sie sollten aber beachten, daß man einige Farben so gut wie nicht an der Tafel sehen kann (z.B. dunkelblau, grün usw.).

Für einen zeitlichen Verlauf müssen Sie also die einzelnen Faktoren bestimmen. Bei anderen Überblicken können Sie die vier Richtungen anwenden oder auf die Form des Stammbaums zurückgreifen.

Da diese ganzen Darstellungen nicht naturalistisch wirken sollen, können Sie auch einzelne Bereiche überdimensionieren, verschieben, verkleinern usw. (Abb. 200, 201, 202, 203).

## Übungen

Probieren Sie an den folgenden Beispielen (wobei Sie am besten zunächst
die Zeitlichen und räumlichen Stationen aufschreiben):
— vom Holz zum Papier,
— vom Dorf zur Stadt,
— vom Ei zum Schmetterling usw.
Finden Sie eigene, zu Ihrem Fach passende Beispiele und vergleichen
Sie die verschiedenen Darstellungsmöglichkeiten (horizontal, vertikal usw.).

## Vergleiche und Symbole

Das Problem bei symbolhaften Darstellungen und Vergleichen ist nicht, das
Motiv zeichnerisch umzusetzen, sondern den zu zeichnenden Stoff in eine
adäquate bildhafte Formel zu bringen. Diese Arbeit kann ich Ihnen nicht
abnehmen, aber an einem Beispiel aufzeigen, wie Sie eine solche Zeichnung
grundsätzlich angehen können.
Entscheidend für eine solche Zeichnung ist natürlich der ,,Erklärungs-
wert'' (was kann hier eine Illustration verdeutlichen?) und der ,,Behaltens-
wert'' (können Schüler mit Hilfe der Darstellung den Stoff besser memorieren?).
Zum Beispiel: Man sagt, daß man Erfahrungen selektiv wahrnimmt.
Wie kann man das in einer Zeichnung verdeutlichen? Es gibt da sicher viele
Wege. Ich habe mir dazu folgendes ausgedacht:
— Zunächst suche ich für den Bereich Wahrnehmung eine adäquate Umsetzung (durch den Mund? durch die Nase? usw.). Ich entscheide mich für
den Nürnberger Trichter, weil er als gängiges Modell bekannt ist. Den nächsten Bereich — selektive Wahrnehmung — muß man dann also so darstellen,
daß ein Teil dessen, was in den Nürnberger Trichter fließt, ausgesondert
wird. Hier gibt es mehrere Möglichkeiten: einen Filter, eine Hand, einen
Kasten, ein Sieb usw. Ich entscheide mich für das Sieb, weil es leicht zu
zeichnen ist und gut erkennbar ist. Das nächste Problem ist die aktive
Selbstbeteiligung an der selektiven Wahrnehmung. Das Sieb muß also von
dem Männchen selbst gehalten werden. Das noch zu lösende Problem ist
das der Wahrnehmungsinhalte. Auch hier sind viele Lösungen denkbar. So
könnte man eine ganze Palette von Gegenständen in den Nürnberger Trichter einfließen lassen (ist aber zu umständlich) usw. Ich entscheide mich für
eine Kanne, auf der ,,Erfahrungen'' steht, weil das einfach zu zeichnen ist
und außerdem sowohl in Verbindung mit dem Sieb als auch dem Trichter
steht und daher leicht zu behalten ist, gleichzeitig kann die Kanne vielleicht
das ,,gebende Moment'' der Erfahrungen ausdrücken (Abb. 204).
Wie Sie sehen, sind für eine solche Darstellung mehrere Wege möglich.
Es ist natürlich auch so, daß sie eine ganze Reihe von Schwächen aufweist
(so wird z.B. nicht geklärt, wo das Sieb herkommt). Ich glaube trotzdem,
daß eine solche Darstellung sinnvoll ist. Wenn sie es z.B. dem Lehrer ermöglicht, daran unterschiedliche Ansätze zu verdeutlichen oder sich immer wieder auf diesen Zusammenhang zu berufen, so ist das bereits eine wertvolle
Hilfe.

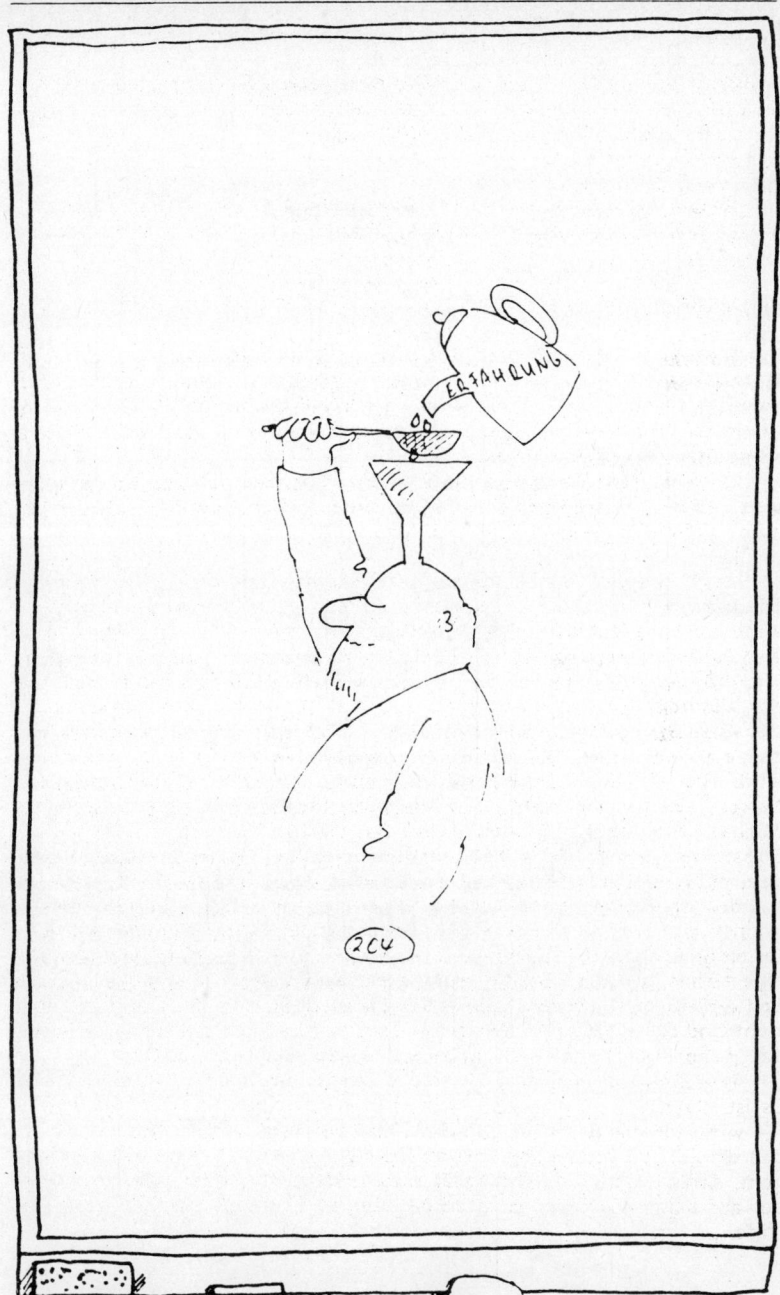

Abschließend noch eine kleine Liste von Symbolen Gestaltungsmitteln usw., die Ihnen die Arbeit erleichtern kann:

| | | |
|---|---|---|
| Groß und klein | = | von unterschiedlicher Wichtigkeit |
| Waage | = | Vergleich |
| Zusammenprall | = | Konfrontation |
| Schwert | = | Gewalt |
| Palmzweig und Taube | = | Friede |
| Stiefel auf dem Kopf | = | Unterdrückung |
| Dompteur und Feuerring | = | ein Zähmung |
| Verbunden | = | verletzt |
| Auf einer Wolke | = | abgehoben |
| Hörrohr | = | unverständlich |
| Schere | = | Zensur |
| Presse | = | jemanden unter Druck setzen |
| In Mauern eingeschlossen | = | kein Entkommen möglich |
| Sanduhr | = | die Zeit verrinnt |
| Pfeil | = | Hinweis |
| In der Mitte plaziert | = | wichtig |

Weitere Beispiele können Sie in der Tageszeitung (Karikaturen), in einem Symbole-Lexikon oder z.B. in einem Lexikon der Redensarten finden.

## Übungen

Bei dieser Übung besteht die Schwierigkeit darin, für komplexe Bereiche angemessene Vereinfachungen zu finden, hierfür Symbole zu suchen und diese zu zeichnen.

Ich schlage von daher vor, daß Sie zunächst den umgekehrten Weg gehen, um sich an diese Darstellungsart zu gewöhnen.

Nehmen Sie als Beispiel die Waage. Welche komplexeren Zusammenhänge können Sie mit Hilfe der Waage charakterisieren (Aufrüstung; Nord-Süd-Gefälle usw.)?

Wenn Sie hier einige Proben gemacht haben, fahren Sie vielleicht mit den oben angegebenen Beispielen oder auch eigenen Beispielen fort. So haben Sie einen leichteren Einstieg in diese Darstellungsart. Es ist nämlich m. E. schwieriger, eine komplexe Situation auf ein oder mehrere Symbole zu reduzieren als assoziativ Symbolen Inhalte zuzuordnen. Haben Sie den Mechanismus der Zuordnung erst einmal geübt, wird es Ihnen nicht schwerfallen, dies auch auf Ihren Unterricht anzuwenden.

# 9 Diagramme, Schemata

An dieser Stelle ist es wohl nicht erforderlich, einen Überblick über die möglichen Formen der Statistiken und Diagramme zu geben. Ich beschränke mich daher auf den Bereich, der für die Tafelzeichnung relevant ist. Mit anderen Worten: was ist zu beachten, wenn man ein solches Diagramm an die Tafel schreibt bzw. zeichnet?

Zunächst ist aus einsichtigen methodischen Gründen eine gewisse Standardisierung notwendig. Bestimmte Diagrammformen wie z.B. Ablauf-, Gliederungs- und Flußdiagramme sollten jeweils spezifische, wiedererkennbare Formen aufweisen (s.u.). Weiterhin sollten Sie nicht die Inhalte der Diagrammform anpassen, sondern versuchen, eine dem Inhalt angemessene Diagrammform zu finden. Ein einfach zu zeichnendes Diagramm sollte daher nicht der Ausgangspunkt sein. Besser ist es, mit dem schwierigen Teil zu beginnen (hier: die Umsetzung eines Inhaltes).

Solche Diagramme auf die Tafel zu zeichnen, bringt einige Schwierigkeiten mit sich:
— so ist zunächst oft die vorgefundene Diagrammform an der Tafel nicht deutlich genug (Ausweg: die Form verändern);
— meist hat man Schwierigkeiten mit der Unterbringung des Textes, der oft zu lang ist (Ausweg: die Schrift woanders unterbringen);
— viele Diagramme wirken unübersichtlich (Ausweg: Strukturierung);
— oft ist die Form des Diagramms unanschaulich und hat (scheinbar) mit dem dargebotenen Inhalt nichts zu tun (Ausweg: bessere Analogien).

## Beginnen wir mit den typischen Formen

● Darstellung von Organisationen: Diese Grafik wird man in Form eines Baumes darstellen (d 1). Sie soll die Abhängigkeit einzelner Teile und ein System von Beziehungen verdeutlichen. Um nun diese Grafik den beabsichtigten Inhalten anzupassen, kann man
— die einzelnen Elemente verändern, z.B. symbolisch (d 2),
— Quantitäten darstellen (d 3) und

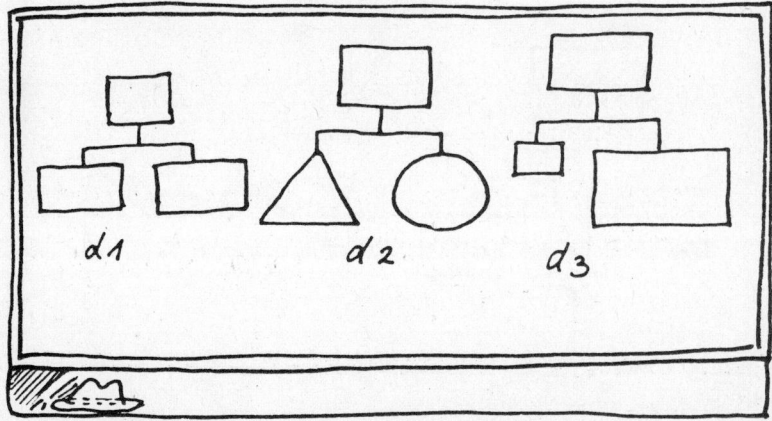

80

– die einzelnen Gruppen in Beziehung zueinander setzen ( d 4, d 5).
● Darstellung von Bewegung: Bewegungen wird man hauptsächlich durch Pfeile darstellen, jedoch sind auch hier Anpassungen möglich. So kann man z.B.
– verschiedene Bewegungen zu einer Gruppe zusammenfassen (d 6) und
-- Bewegungsarten differenzieren (d 7).
● Darstellung von Systemen: Diese Grafik wird man benutzen, um Elemente im dynamischen Zusammenhang mit anderen Elementen darzustellen. Hieraus ergeben sich denn eben auch die spezifischen Formen:
– Veränderungen in der Quantität der Beziehungen (d 8),
– Veränderungen in der Qualität der Beziehung (d 9),
– Unterbrechungen (d 10), Phasen (d 11).
● Darstellung von Prozessen: Auch hier kann man die grafische Form den Absichten recht genau anpassen. Da hier die Beeinflussung der einzelnen Elemente als Resultat dargestellt wird, können sowohl die Formen als auch die Zuordnungen modifiziert werden:
– Differenzierung von den Formen her (d 12, d 13) und
– von den Zuordnungen (d 14, d 15, d 16).
● Darstellung von Größenverhältnissen: Hier kann man zu den unterschiedlichsten Grafiken greifen:
– konkrete Größen wird man durch die Anlage von Maßstäben usw. verdeutlichen (d 17),

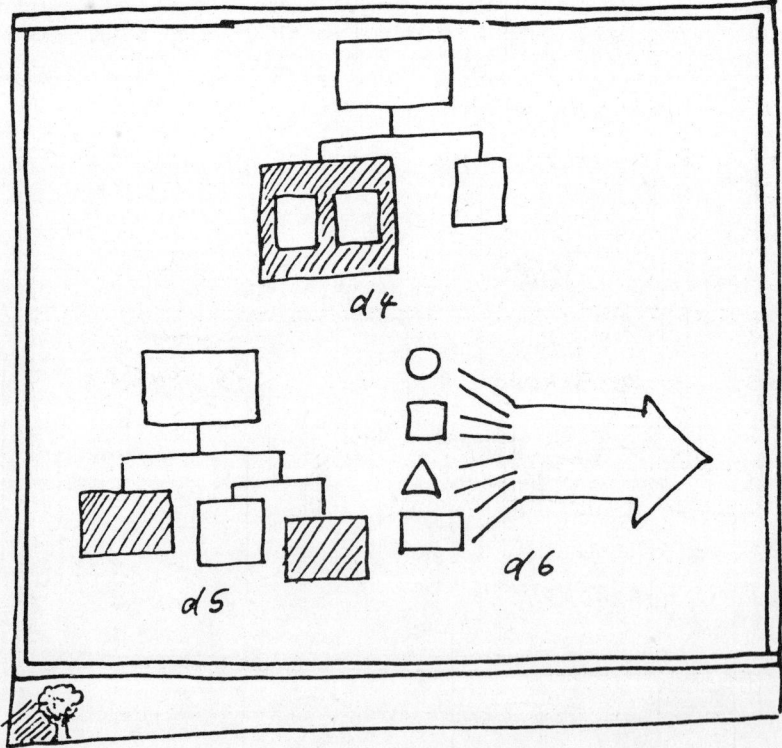

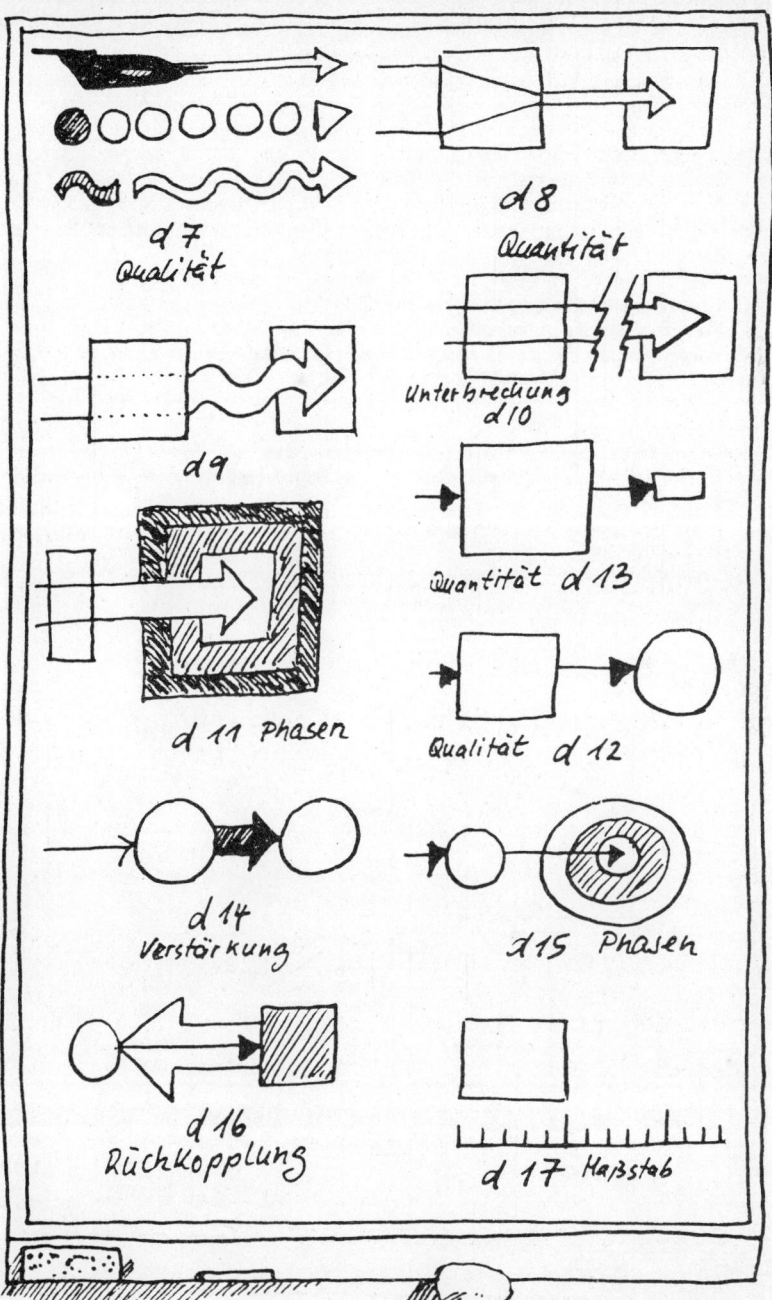

d 7
Qualität

d 8
Quantität

d 9

Unterbrechung
d 10

Quantität d 13

d 11 Phasen

Qualität d 12

d 14
Verstärkung

d 15 Phasen

d 16
Rückkopplung

d 17 Maßstab

— abstrakte Größenverhältnisse zeigt man z.B. durch Balkengrafiken an, bei denen man die Grafik den jeweiligen Absichten durch die Art der Balken (d 17), ihre Strukturierung (d 18) durch unterschiedlich angesetzte Standardlinien (d 19) anpassen kann.

Auch Trends stellt man in Diagrammen dar. Hier können Differenzierungen durch Skalierung (d 18), Einbau von Phasen (d 19), unterschiedliche Linien (d 20) und Abgrenzung von Flächen erreicht werden (d 21).

Größen können als Teile eines Ganzen durch Tortengrafiken dargestellt werden. Auch hier sind Differenzierungen möglich. So können z.B. die einzelnen Tortenstücke durch

— unterschiedliche Strukturierung voneinander abgegrenzt (d 22),
— zu Gruppen zusammengefaßt (d 23)
— oder zum besseren Verständnis vergrößert werden.

Weite Diagrammformen können entsprechend entwickelt werden.

*Kleine Zusammenfassung der grafischen Möglichkeiten*

Man kann die Grafiken durch folgende Mittel differenzieren und seinen Absichten anpassen:

— unterschiedliche symbolische Formen (d 24);
— Verwandschaften durch gleichartige Strukturen, Formen und Organisationshinweise verdeutlichen (d 25);
— Differenzierungen durch unterschiedliche Texturen, Formen und Beziehungshinweise darstellen (d 26);
— Verstärkungen durch unterschiedliche Quantitäten, Zusammenfassungen zu Gruppen und unterschiedliche Formen ausdrücken.

## Zur Deutlichkeit der Formen

Grafiken leiden oft an zu undeutlichen Formen und Beschriftungen. Man kann jedoch mit einfachen Mitteln diese Schwierigkeiten beheben.

Will man z.B. ein aus vielen Teilen bestehendes Sektorendiagramm an die Tafel zeichnen (d 26), kann man z.B. die einzelnen Sektoren so auseinanderziehen, daß man daraus einen Körper entstehen läßt (d 27). Ein vergleichendes statistisches Programm, das aus mehreren übereinanderliegenden Linien besteht, kann zum Beispiel auch räumlich verzerrt werden und sogar noch weitere Dimensionen aufnehmen (d 28).

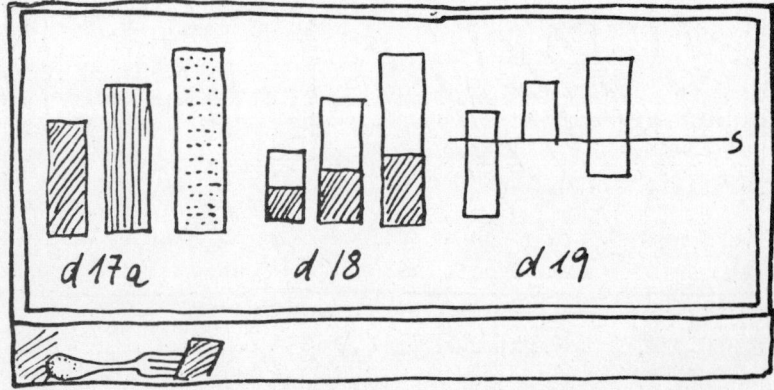

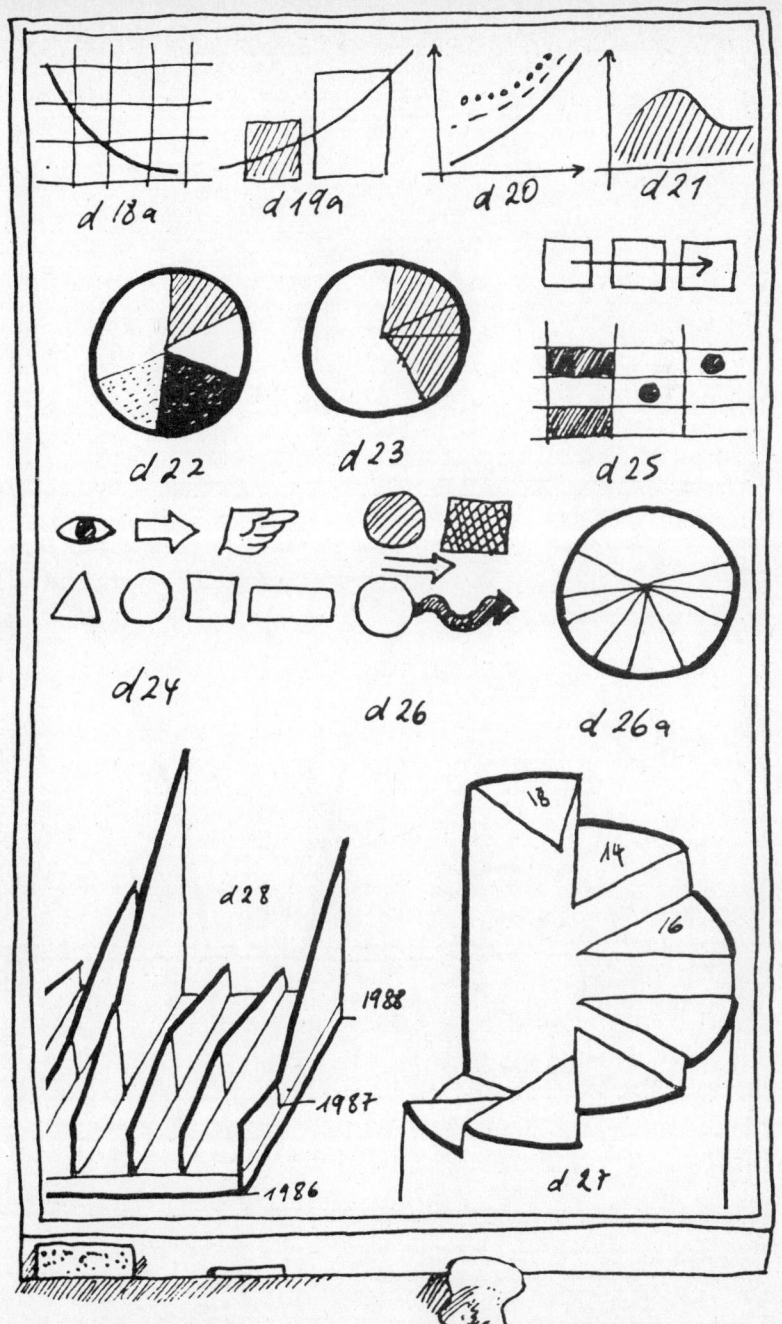

d 18a

d 19a

d 20

d 21

d 22

d 23

d 25

d 24

d 26

d 26a

d 28

1988

1987

1986

18

14

16

d 27

Eine gewisse Unanschaulichkeit ergibt sich, wenn man zu lange Diagramme an die Tafel zeichnet, in denen die Länge keine Funktion hat. Solche Diagramme kann man z.B. zusammenrollen (d 29), besonders dann, wenn nur einige Daten genutzt werden sollen.

## Unterbringung des Textes

Man darf sich hier nicht von der Form des Diagramms beeinflussen lassen. Bei einer der üblichen vergleichenden Statistiken, die aus waagerechten und senkrechten Unterteilungen bestehen, ist man z.B. nicht etwa gezwungen, die jeweiligen Überschriften der Kolumnen auch in solch ein Kästchen zu pressen, sondern kann (d 30) die Senkrechten oben oder unten knicken und dann schräg beschriften — man erspart sich so die unleserlichen Abkürzungen an der Tafel. Weitere Möglichkeiten: Sankeydiagramme, bei denen von einem Block ausgegangen wird, der ,,raumgreifender'' verteilt wird (d 31); die Ausnutzung des Raumes durch dreidimensionale Darstellungen (d 32), ergänzt durch Weiterführung der Einteilungen (d 33).

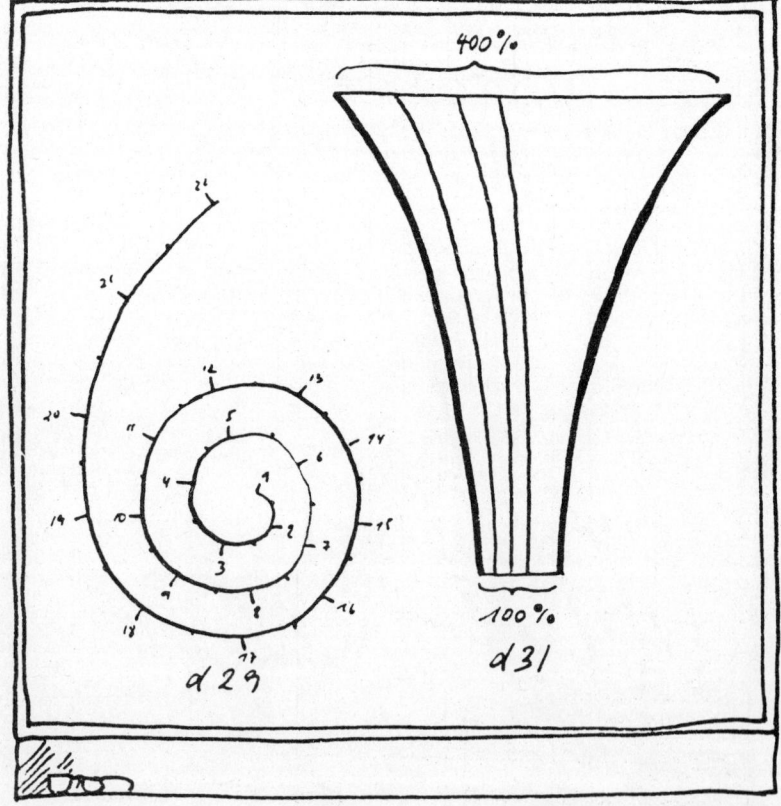

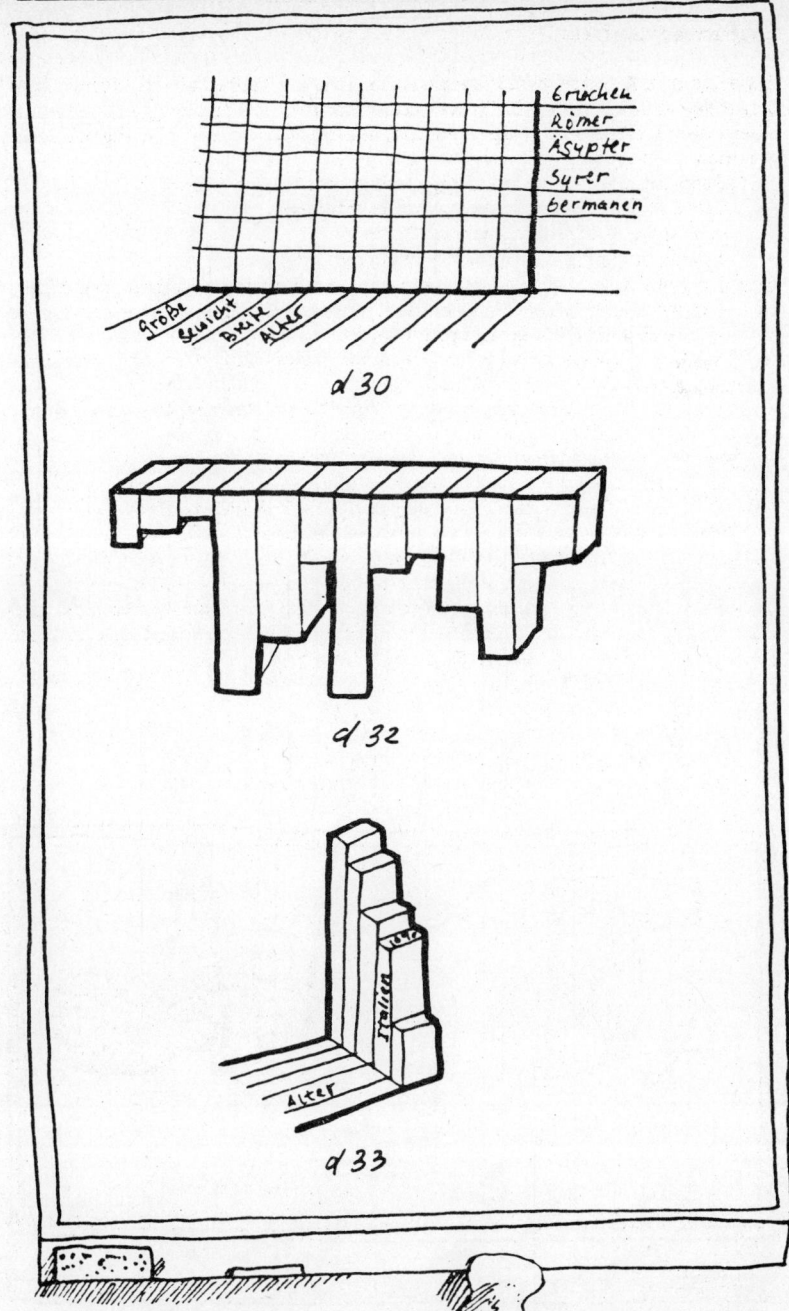

Griechen
Römer
Ägypter
Syrer
Germanen

Größe
Gewicht
Breite
Alter

d 30

d 32

Italien
Alter

d 33

## Diagramme, Grafiken

Eine weitere Gruppe der Diagramme ist die der außerhalb der Statistiken liegenden Grafiken wie z.B. Schnittzeichnungen. Auch hier gibt es eine unübersehbare Fülle von Möglichkeiten, aus denen ich nur die herausgreife, die man auch an die Tafel bringen kann.

Grob eingeteilt kann man folgende Arten unterscheiden:
— Grafiken, die die Erscheinungsweise erfassen,
— solche, die die Struktur verdeutlichen
— und diejenigen, die räumliche Positionen angeben.

Die Erscheinungsweise von Gegenständen und Personen ist bereits größtenteils in den vorigen Kapiteln behandelt worden. Bei Diagrammen kann man sich aber noch einige weitere Tips aneignen.

So kommt es zunächst darauf an, auch die physische Erscheinungsweise zu erfassen: versuchen Sie daher, durch
— Schraffuren und Schattierungen dem Motiv Körperlichkeit zu geben (s 1),
— die Oberflächenstruktur zu erfassen (s 2) und
— die Formdetails zu berücksichtigen (s 3).

Weiterhin kann die Erscheinungsweise verdeutlicht werden durch
— eine Umgebung, die das Motiv genauer beschreibt (s 4),
— transparente Zeichnungen (s 5) und
— „Explosionszeichnungen" (s 6).

Grafiken, die Strukturen verdeutlichen sollen, müssen meist von der tatsächlichen Form des Objektes ausgehen, haben aber viele Möglichkeiten, das „Innenleben" des Motis darzustellen. So kann man
— das Objekt segmentieren (s 7),
— oder anschneiden (s 8),
— eine Schnittzeichnung anfertigen (s 9),
— eine Ausschnittvergrößerung zeichnen (s 10),
— das Objekt gewissermaßen auseinanderfalten (s 11) und
— es durchsichtig zeichnen usw. (s 12)

S 1  S 2  S 3

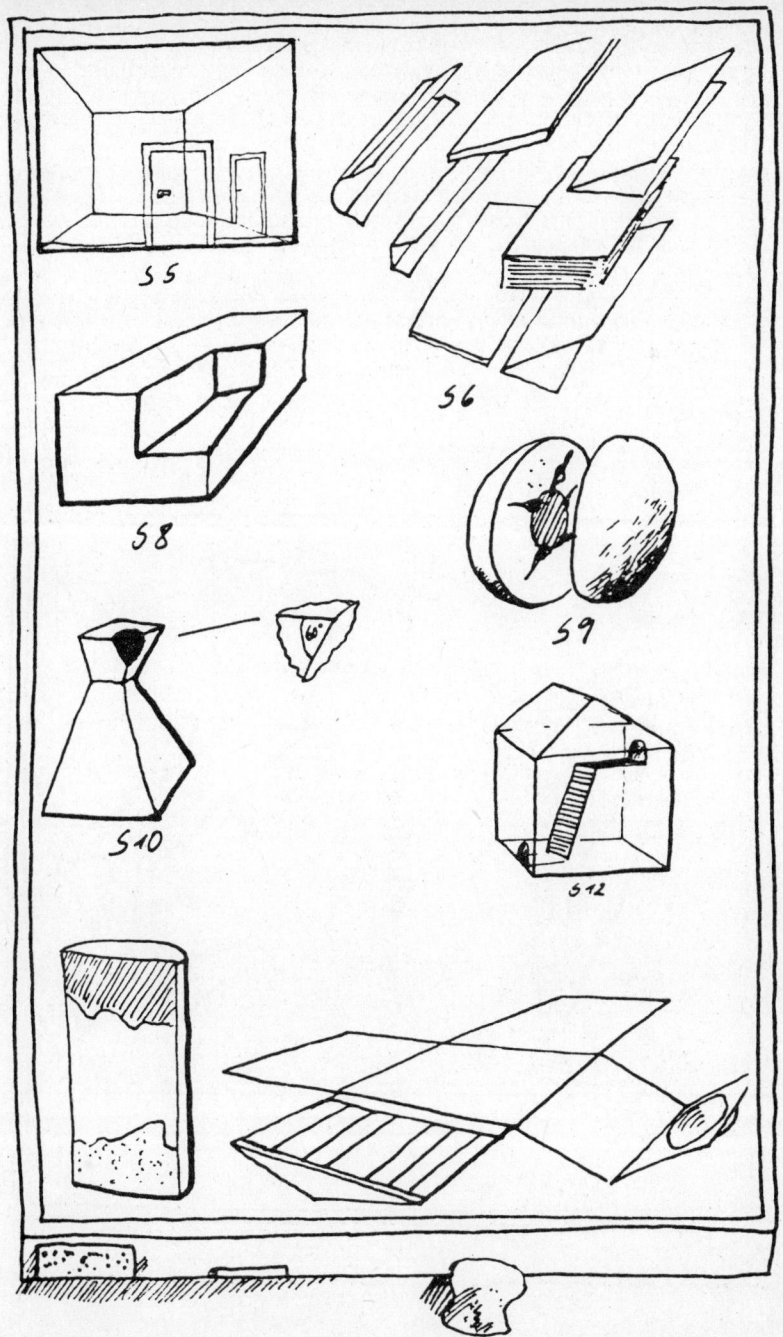

Für die Darstellung räumlicher Organisationen können die Umgebung des Motivs, die genaue örtliche Anordnung und die Beziehung dieser Anordnungen dargestellt werden. Das kann folgendermaßen geschehen:
— die Umgebung wird durch verschiedene Mittel visualisiert, z.B. durch formalisierte Erfassung (s 13), durch die tatsächliche Form (s 14) und durch Ausschnitte (s 15);
— die genaue örtliche Anordnung wird z.B. durch „Wege", Grenzen (s 16) oder quantitative bzw. qualitative Zuordnungen erreicht (s 18);
— die Beziehungen, die sich aus diesen Anordnungen ergeben, kann man durch gleichartige Strukturen (s 19) und Zusammenfassungen (s 20) verdeutlichen.

Weiterhin können natürlich alle diejenigen Mittel eingesetzt werden, die im Kapitel Diagramme unter „kurze Zusammenfassung" beschrieben sind.

Weitere Möglichkeiten, übersichtlichere Diagramme anzufertigen:
— fassen Sie Elemente in Gruppen zusammen, wiederholen Sie nötigenfalls einzelne Formen (S 16a),
— knicken Sie einzelne Bezugslinien, um eine optimale Ausnutzung des zur Verfügung stehenden Platzes zu erreichen (S 17),
— spreizen Sie die Linien weit auseinander und wiederholen Sie Einzelelemente,

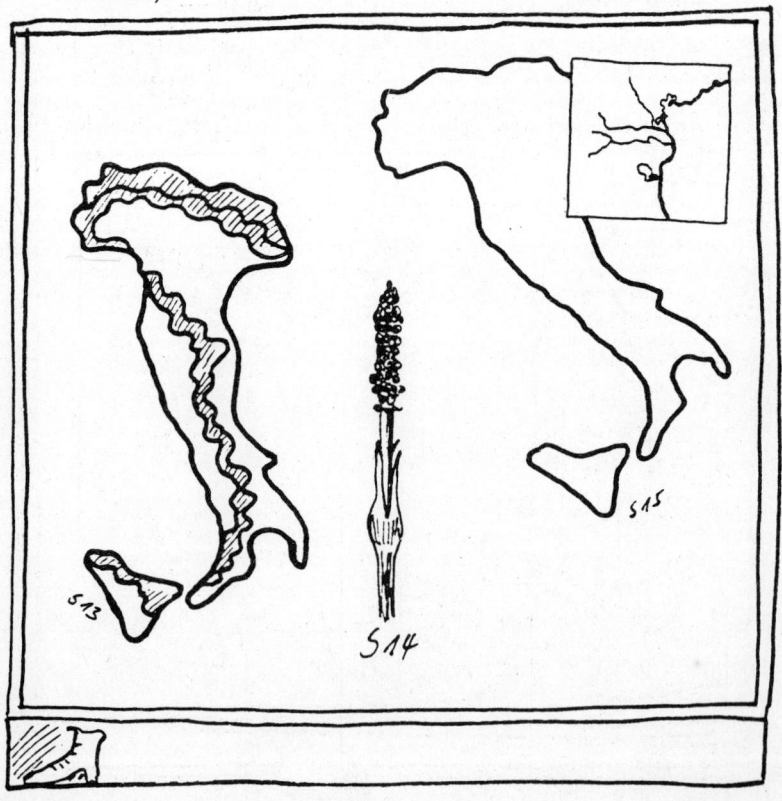

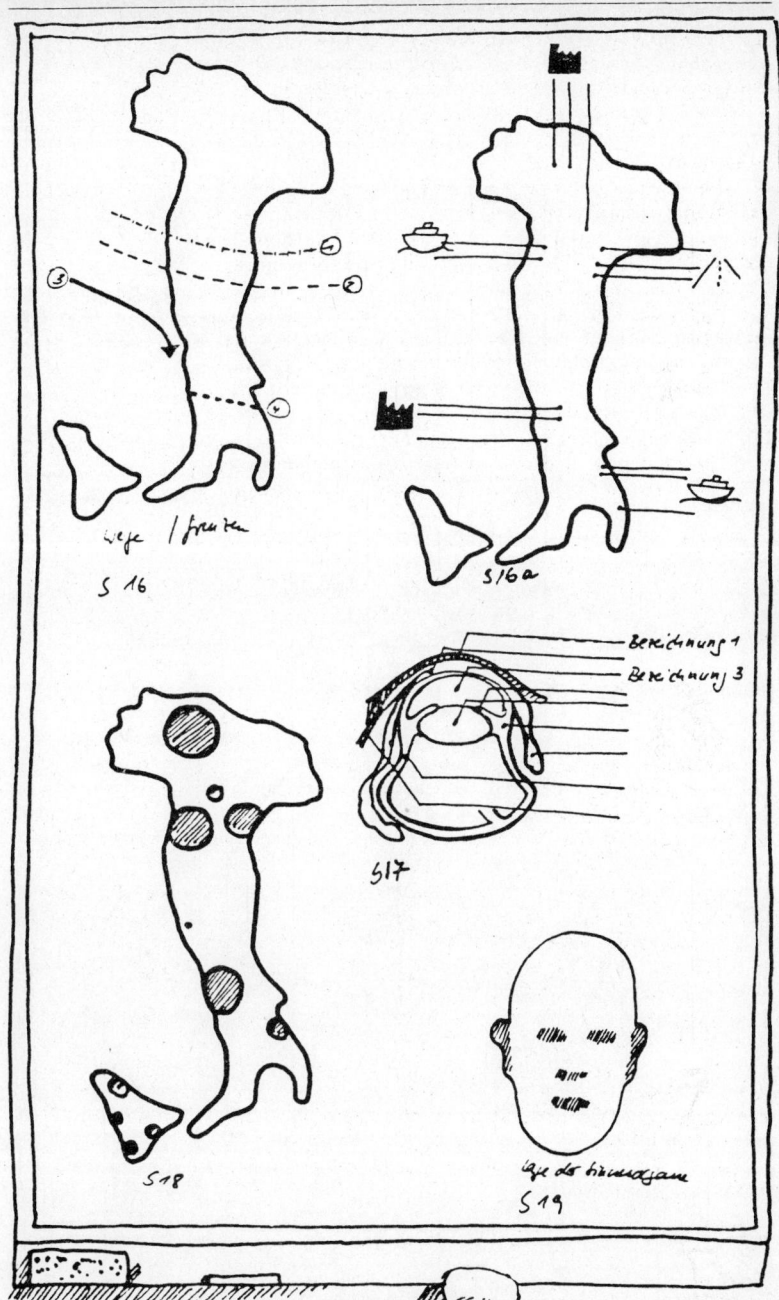

Wege / Straßen
S 16

S 16 a

Bezeichnung 1
Bezeichnung 3

S 17

S 18

Auge des Himmelsgottes
S 19

— versehen Sie Schnittbilder mit „Fenstern", bei denen der Anschaulichkeit halber ein Teil nochmals genau und isoliert dargestellt wird (S 19 a),
— orientieren Sie sich nur dann an den „natürlichen" Formen, wenn es funktional ist. Sie können einen Blutkreislauf z.B. auch in dieser ausbaufähigen Form darstellen (d 20).

## Bessere Analogien

Für Diagramme und Statistiken stehen zahllose Formen zur Verfügung. Sie können zwischen symbolhaften und nicht symbolhaften Formen wählen und optimale Formen finden. Für welche Darstellungen wählt man z.B. einen Baum? Sicherlich nicht für die Sitzverteilung im Parlament, sondern z.B. für entwicklungsgeschichtliche Phänomene, Stammbäume, bei denen eben diese besondere Form auch die entsprechenden Inhalte transportiert. So bieten sich für die Darstellung von Größenverhältnissen natürlich Strekken- und Streifendiagramme, Balkengrafiken usw. an. (Hier sollte man nicht zu pingelig mit den Größenverhältnissen umgehen — die Flächen zweier unterschiedlich großer Quadrate kann man nur sehr ungenau schätzen.)
Bei Schaubildern, die Herstellungsprozesse zeigen, kann man gleichzeitig die Formen der Apparaturen benutzen, z. B. bei der Staubkammer (S 34). Bei „inhaltsangebenden" Schemata bietet es sich an, die Form der Gegenstände zu benutzen, so z.B. (S 21), einen Fisch oder die Aufteilung der Erdoberfläche in Land und Wasser.

## Schematische Zeichnungen

An dieser Stelle soll nur ein kurzer Überblick gegeben werden. Ausführlichere Beschreibungen erfolgen bei den einzelnen Unterrichtsfächern.
Bei den im Unterricht üblichen Schemaskizzen werden zumeist nur die wesentlichen Formen der Motive dargestellt und tragen so dazu bei, die Aufmerksamkeit der Schüler eben auf diese wesentlichen Elemente zu lenken.
Für diese Darstellungsart sei empfohlen:
— da die meisten solcher Zeichnungen mit Details angefüllt werden (Schrift, Inhalte wie z.B. Flüssigkeiten usw.) ist es ratsam, die wesentlichen Formen durch dickere Kreidestriche zu betonen (s 30);
— Schwierigkeiten mit parallelen, gebogenen Strichen kann man beheben, indem man gleichzeitig zwei Stücke Kreide in die Hand nimmt;
— legen Sie die Zeichnungen großflächig an: man kann nie genug Platz für die Beschriftung haben;
— für das Verständnis einer Zeichnung ist es wichtig, daß die Schrift zwar eine erklärende, insgesamt aber eine untergeordnete Funktion besitzt. Legen Sie daher lieber die Erklärungen außerhalb der Zeichnung z.B. in Form einer Legende an;
— auch hier gelten die Regeln der „einfachen Zeichnung": Profil, von links nach rechts usw.

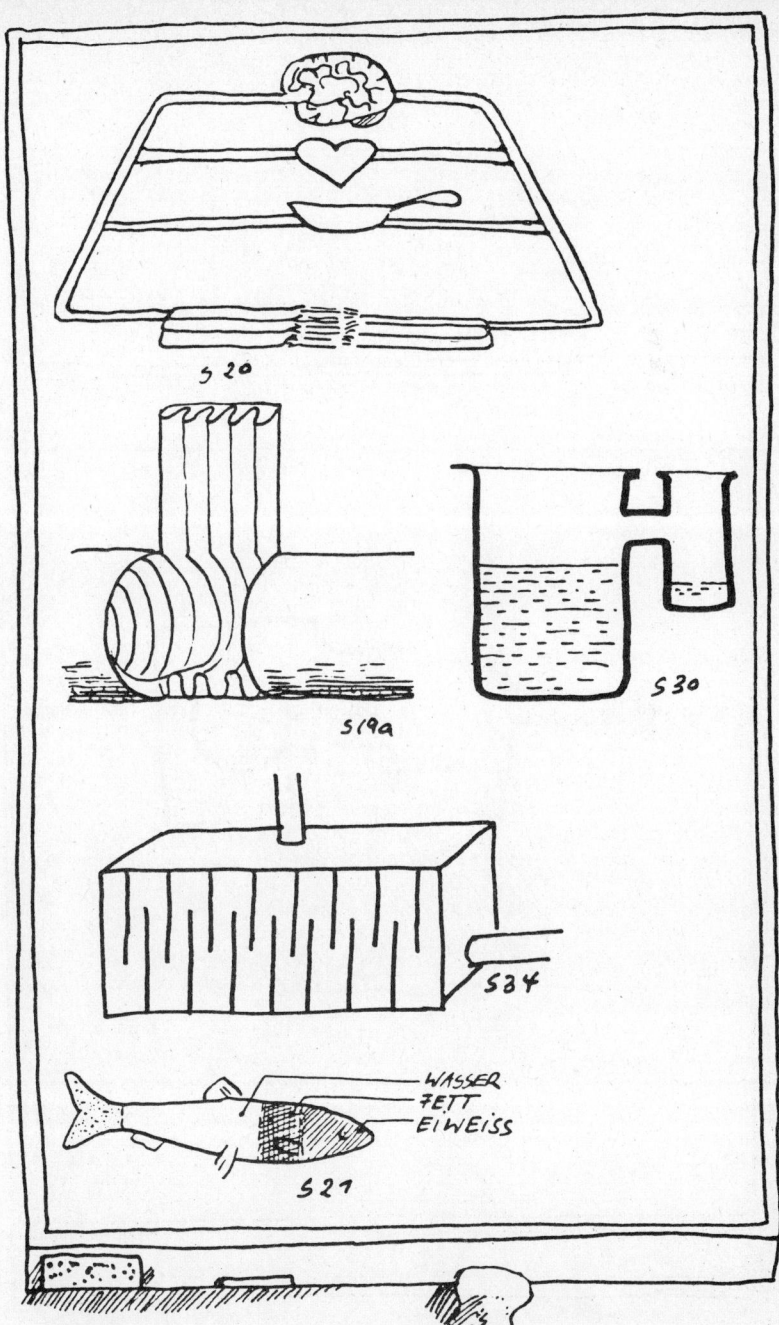

S 20

S 19a

S 30

S 34

WASSER
FETT
EIWEISS

S 21

## Technische Zeichnungen

Die technischen Zeichnungen sollen hier nur am Rande berührt werden. Wichtig ist bei dieser Art der Zeichnung, daß sie natürlich den Normen entsprechen muß. Für die Umsetzung an die Tafel treten hier einige Schwierigkeiten auf, insbesondere bei der maßstabsgerechten Größenverhältnissen. Hier kann man sich jedoch zumeist mit Hilfskonstruktionen wie z.B. Mittellinien, dünn vorgezeichneten Außenkonturen usw. behelfen. Obwohl der Strichstärke in einer technischen Zeichnung eine funktionale Bedeutung zukommt, sollte man bei einer Tafelzeichnung nicht darauf verzichten, ähnlich wie bei einer Schemazeichnung die wesentlichen Partien durch besonders dicke Striche hervorzuheben, vor allem dann, wenn dies nicht durch Schraffuren geschehen kann (s 37).

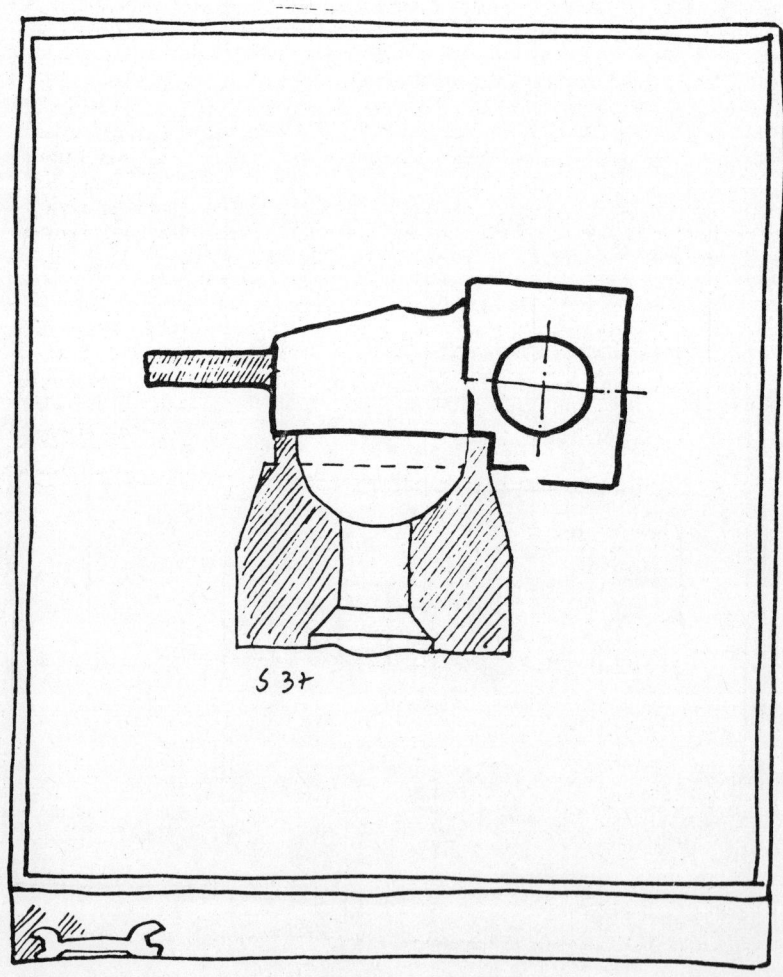

# 10 Einzelne Fächer

## Deutsch

Dieses Unterrichtsfach ist besonders für wunderbare Tafelzeichnungen ge-
eignet, wie ich aus eigener Erfahrung berichten kann. Ansatzweise und stell-
vertretend für einige andere Fächer möchte ich daher den Rahmen ezwas
weiter spannen.
Ich unterteile zunächst in folgende Bereiche:
— Grammatik,
— Rechtschreibung, Zeichensetzung usw.,
— Aufsatzlehre,
— Literaturunterricht.
Zunächst kann man sich natürlich über diese Auswahl streiten, weiter-
gehend (und das scheint mir wichtiger zu sein, da die Bereiche hier ohnehin
nur modellhaft skizziert werden) kann man sich darüber streiten, welche
Modelle dem jeweiligen Schwerpunkt zugrundeliegen. Beispiel Grammatik:
nicht nur gibt es verschiedene grammatikalische Modelle, es gibt natürlich
auch noch unterschiedliche Schwerpunkte zu den einzelnen Grammatiken.
Für die hier vorgestellten Tafelzeichnungen soll daher folgendes gelten:
— sie greifen punktuell ein oder mehrere Modelle heraus und versuchen,
den jeweiligen Modellcharakter zu verdeutlichen. In vielen Fällen ist das auf-
gezeigte Modell auf andere Bereiche mit den entsprechenden Modifikationen
zu übertragen.

### Beginnen wir mit der Grammatik

Die meisten Grammatikmodelle benutzen zur Darstellung Schemata und
Diagramme, als linguistische Operationen jedoch z.B. die Ersatz- und die
Umformungsprobe usw. Dies kann eine besondere Art der Tafelzeichnung
nahelegen, bei der der Satz ,,dynamisch'', z.B. als ein Zug aufgefaßt wird,
bei dem der Lokomotive die entscheidende Bedeutung zukommt (Depen-
denzgrammatik z.B.: das Verb) (dd 1).

Hier können die einzelnen Satzbausteine entweder einzeln (dd 2) oder in Verbänden (dd 3) dargestellt werden, wobei die Anschaulichkeit erhöht werden kann, indem die Waggons die jeweils zu bezeichnenden Satzteile „transportieren" (ein anschauliches Modell für eine grammatikalische Struktur) (dd 4). Erweiterungsfähig kann dieses Modell werden durch z.B. ein Stellwerk (Variationen durch Hinzufügen eines neuen Satzteils) (dd 5), Umstellungen, Weglaßproben usw.

## Rechtschreibung, Zeichensetzung

Hauptprinzip der Rechtschreibung ist die phonetische Orientierung. Für eine Darstellung müssen jedoch grammatikalische Beziehungen wie z.B. Hauptwort — Eigenschaftswort usw. verdeutlicht werden. Auch hier könte man das oben vorgeschlagene Eisenbahnsystem anwenden. So wäre z.B. „das beste Auto" (Adjektiv) so darzustellen, daß hier ein ganzer Waggon gefüllt wird (dd 6), „das Beste" als Ersatz für „das beste Auto" hätte dann den gleichen Platz zu beanspruchen (Großschreibung). Ähnlich kann man substantivierte Verben darstellen „Beim Bremsen schleuderte das Auto" (dd 7).

In der unübersehbaren Fülle von Rechtschreibregeln mag dies nur als Beispiel dienen — gleichzeitig als Hinweis auf die Nachteile dieses Verfahrens: Ziel der Tafelzeichnung kann hier nur sein, Zusammenhänge, Regeln usw. zu verdeutlichen. Zu aufwendige Komplexe geraten schnell zu unübersichtlich und werden zum Selbstzweck.

Auch die Kommasetzung kann ähnlich wie die Grammatik erfaßt werden, wenn es gelingt, die charakteristischen Eigenschaften der einzelnen Satzbauteile zu bestimmen und darzustellen. So kann man Aufzählungen als „Stapel" auf einem Waggon darstellen (dd 7), Hauptsatz — Hauptsatz, Hauptsatz — Nebensatz im Verbund erklären (dd 8) oder Einschübe durch „Weichensysteme" charakterisieren.

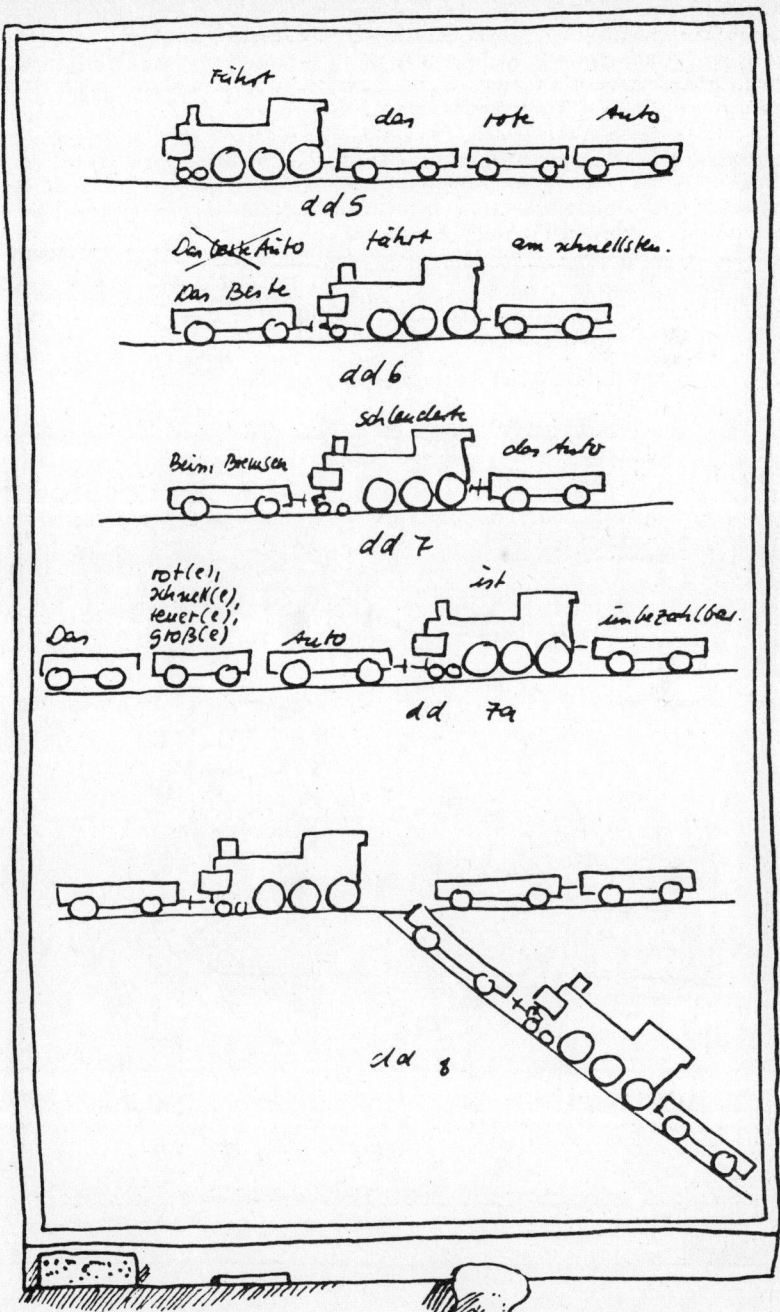

*Aufsatzlehre*

Die unterschiedlichen „Aufsatzformen" Bericht, Beschreibung, Zusammenfassung, Erörterung, Textanalyse usw. kann man zunächst durch die unterschiedliche kommunikative Struktur charakterisieren: so wäre ein Bericht
z.B. so (dd 9), eine Zusammenfassung in dieser Form und ein „Klassenaufsatz" so anzulegen. Die jeweilige Struktur kann dann zusätzlich verdeutlicht
werden (Beispiel Texterörterung): es werden die unterschiedlichen Bezugsebenen Autor — Leser — Erörterer bezeichnet, entsprechend die unterschiedlichen Bezugsebenen des Textes, woraus die Ansprüche an eine Texterörterung beschrieben werden können (dd 10).

dd 9 Klassenaufsatz

dd 10 Erörterung

*Literaturunterricht*
Ich beginne mit Erzählsituationen, ein Beispiel, das verdeutlichen soll, daß
sogar recht komplexe Bereiche anschaulich dargestellt werden können.

Anhand einer Geschichte können die verschiedenen Positionen des Er-
zählers beschrieben werden: auktorial (a), personal (b), Ich-Form-bestimmte
(c), erweiterungsfähig durch den inneren Monolog usw. Ähnlich können
auch Inhalte und literarische Bauformen dargestellt werden.

Beispiele: Märchen und Detektivroman
Das Märchen kann als Kombination unterschiedlicher Versatzstücke gezeich-
net werden, sowohl konkret als auch als Schema (dd 11). Beim Detektivro-
man, der eine kompliziertere Form aufweist, kann die Struktur so an die
Tafel gebracht werden: der Leser wird über einen mit Indizien gepflasterten
Weg zurück zur Stätte des Verbrechens geführt, wo ihn die Aufklärung er-
wartet. Hier kann die entscheidende Rolle des Autors direkt aus dem
Schaubild abgelesen werden (dd 12).

dd 10a
Erzählsituationen

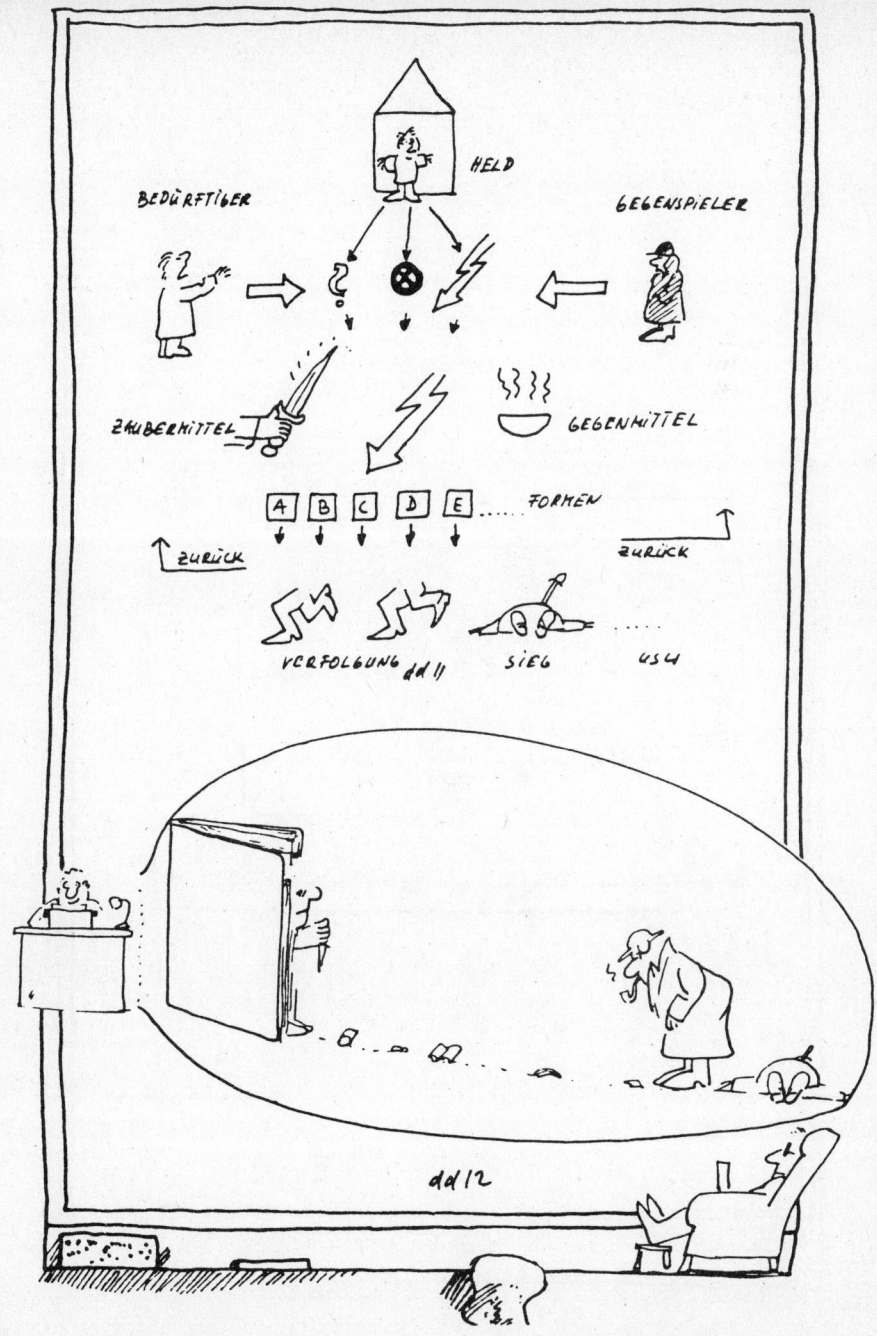

Ein gutes Hilfsmittel im Literaturunterricht ist ein „Bühnenprospekt", der bei der Besprechung des Arrangements (Anweisungen) von Bühnenstücken hilfreich ist. Hierzu zeichnet man eine Kastenbühne an die Tafel, die mit schräg nach hinten auf einen Fluchtpunkt zulaufenden Brettern versehen ist. Diese Linien verdeutlichen die Tiefe der Bühne, auf der nun in halbwegs richtigen Proportionen die Personen bzw. die Staffage angeordnet werden kann. Der Hintergrund kann für die ganz flächig zu zeichnende Kulisse usw. genutzt werden. Die beste räumliche Wirkung erzielt man nun, wenn man z.B. Personen ganz vorne auf die Bühne zeichnet und weitere Personen jeweils kleiner werdend im Mittel- und dann im Hintergrund plaziert.

dd 13

## Englisch

Dieser Teil ist weitestgehend an einer kommunikativen Didaktik orientiert. Die Sprechintentionen der Schüler bilden den Ausgangspunkt, hinzugeordnet werden bestimmte Sprachmittel. Die einzelnen Beispiele sind hauptsächlich im grammatikalischen Bereich angesiedelt und berühren wichtige Schwerpunkte bzw. einige der immer wieder auftauchenden Schwierigkeiten des Englischunterrichts.

Daraus ergibt sich auch die Stellung der Tafelzeichnung für diesen Bereich. Sie soll mehr ein Anreiz für den Gebrauch bestimmter grammatikalischer Strukturen sein.

*Beispiel 1: Der Gebrauch des past tense*
Um den Schülern Gelegenheit zu geben, in diesem Zusammenhang die Bejahung und die Verneinung zu üben, zeichne ich folgendes Bild (e 1), Titel ,,What the Romans didn't had''. Die Schüler können nun einzelne Elemente nach einem vorgegebenen Muster als falsch benennen ,,They didn't use watches'' und dazu die ,,richtige'' Version beschreiben, z.B. ,,They looked at the sun''. Das kontrastive Element erfüllt hier eine wichtige Funktion, da die Schüler die grammatikalischen Strukturen erkennen und üben können. Bei diesem Vorgehen ist es — auch wie in den folgenden Übungen — möglich, daß Schüler eigene Elemente erfinden und an die Tafel zeichnen (bzw. dieses ihren begabten Lehrer tun lassen).

Den Vergleich zwischen past tense simple und past tense continous kann man ähnlich darstellen (e 2). Hinzu kommt eine Analogie, die das past tense simple als ,,plötzlich eintretend'', als neu eintretendes Ereignis (Tür) charakterisiert. Dazu können dann Sätze wie z.B. ,,He was sitting in the bath, when . . . . .'' gebildet bzw. variiert werden.

*Beispiel 2: Der Vergleich*
Auch hier sollen die Schüler vorgegebene Satzbaumuster mit unterschiedlichen Inhalten auffüllen. Die Tafelzeichnung liefert dazu gewissermaßen den Rohstoff. Als Beispiel schlage ich vor, drei unterschiedlich gezeichnete Personen als Ausgangspunkt zu benutzen (wie diese gezeichnet werden, schlagen Sie bitte im ersten Teil des Buches nach) und in ein Raster zu stellen. Zu den links angetragenen Kriterien wie z.B. ,,Age'', ,,Salary'', ,,Heigth'' usw. können spezifische Zuordnungen gemacht werden, die dann die Grundlage des Vergleichs sind (e 3).

e 2

| NAME | JAMES | ANNE | CHARLES |
|---|---|---|---|
| AGE | | | |
| HEIGTH | | | |
| SALARY | | | |

e 3

*Beispiel 3: Aktiv — Passiv*
Im Englischen werden Aktiv und Passiv nach dem „Subjekt" gebildet, dem das Hauptinteresse gilt. Die unterschiedlichen Konstruktionen werden also in einem situativen Vergleich besonders deutlich. Hier können unterschiedliche Schwerpunkte im Bild gefunden werden, z.B. „The car", worauf der Satz dann z.B. lauten könnte „The car is checked by Ed". Gilt „Ed" als Schwerpunkt, muß er „Ed checks the car" lauten. Der Schwerpunkt kann z.B. durch Einkreisen auf der Tafel verdeutlicht und mit der grammatikalischen Struktur des Satzes in Einklang gebracht werden (e 4).

*Beispiel 4: How to express preferences*
Dieses Beispiel legt ein kompliziertes Tafelbild nahe. Mein Vorschlag ist, die Schüler ein Zimmer möblieren zu lassen. Bei mäßigeren zeichnerischen Fertigkeiten kann man auf einen Grundriß zurückgreifen, ansonsten ist eine Art „Bühnenprospekt" (siehe unter „Deutsch") angemessen. Sätze können nun nach folgendem Vorgehen gebildet werden:
(Der Tisch ist z.B. in der Ecke) „I'd prefer to put the desk in front of the window than in the corner", z.B. links neben die Zeichnung zu schreiben. Eine Erweiterung um die Reaktion ist möglich, so z.B. als „Dislike" „Do you? I don't. I'd prefer putting it in the middle of the room". Auch dieses Tafelbild legt im übrigen eine aktive Mitgestaltung der Schüler nahe (e 4, e 5).

e 4

e 5

Französisch

An dieser Stelle können nur einige ausgewählte Probleme der französischen Sprache behandelt werden (vgl. Vorwort), die in der Schule immer wieder Schwierigkeiten bereiten:
— Fallbildung,
— Teilungsartikel,
— Phonetik eines Satzes,
— Steigerung,
— Passé composé.

*Fallbildung*
Während für die deutsche Sprache in der Fallbildung ein synthetisches Vorgehen typisch ist (z.B. „Das ist Jeans Buch"), die Zielrichtung sich also in der Beugung des Subjekts äußert, wird dies im Französischen über „à" oder „de" vermittelt. Dementsprechend kann auch die Tafelzeichnung aufgebaut werden (wer möchte, auch kontrastiv): das Buch steht einmal als „Appendix" hinter Jean, einmal als „Vermittler" zwischen Jean und dem Sprecher, gleichzeitig die Eigentümlichkeit des französischen Satzbaus illustrierend (f 1, f 2).

*Teilungsartikel*
Im Deutschen sagt man „Ich kaufe Butter". Im Französischen heißt dies „J'achète du beurre", und drückt ein anderes Verhältnis zur Menge des Kaufbaren und des Gekauften aus, was man grafisch so darstellen kann (f 3).

*Phonetik*
Während im Deutschen die Betonung eines Wortes oder Satzteiles überall erfolgen kann, ist dies im Französischen recht genau festgelegt. Sie erfolgt nämlich auf der letzten Silbe eines Wortes oder einer Wortgruppe, die sich durch den Satzbau bzw. die Sinneinheit ergibt. Die Betonung einzelner Wörter z.B. muß also dadurch geschehen, daß man sie innerhalb eines Satzes verschiebt. Zumeist ist die Intonation am Ende des Satzes fallend. Das kann man grafisch anschaulich durch die symbolische Darstellung von Gewicht darstellen (f 5).

un kilo de beurre !    f 4

le livre

c'est

f 5

de Jean

*Steigerung*
Während im Deutschen bei einem Vergleich die Bezugsgröße das kleinere
Element sein kann (beispielsweise: Otto (190 cm) und Karl (189 cm) „Karl
ist kleiner als Otto" und nicht „Karl ist weniger groß als Otto"), findet im
Französischen der Vergleich auf der Ebene der größeren Bezugsgröße statt
„Moins grand", was man z.B. so illustrieren könnte (f 8):

*Passé Composé*
Eine der Schwierigkeiten der französischen Sprache liegt im korrekten Gebrauch des passé composé, was man folgendermaßen verdeutlichen kann:
Zunächst die Abgrenzung vom parfait. Hier wird ein Zustand beschrieben,
in meinem Beispiel als Staffage dargestellt (Bühne mit Dekoration). Alles
verharrt im Ist-Zustand („Was war schon?"), hier „Le roi était sur la scène".
Mit dem Auftritt der Akteure („Was geschah dann?") setzt der passé com-
posé ein „La princesse est entrée" verdeutlicht durch eine neu auftretende
Person auf der Bühne (f 9). Die Possesivpronomen stellen ebenfalls eine
Schwierigkeit dar, die leichter mit einer Grafik darzustellen sind (f 10).

## Mathematik

In der Mathematik kann man folgende Darstellungsebenen unterscheiden:
— Enaktiv
— Ikonisch
— Symbolisch
    Diese drei Ebenen kann man am Beispiel eines Wurfs / einer Wurfbahn
verdeutlichen. Während es bei der enaktiven Phase darum geht, das Experi-
ment durchzuführen und die Bahnkurve aufzuzeichnen, gilt es bei der ikonischen Phase, die Kurve an der Tafel festzumachen, in der symbolischen
Phase, die Kurve zu beschreiben, z.B. als Funktion zu erfassen oder Relationen zu setzen. Hieraus ergeben sich auch die Anwendungsbereiche der
Tafelzeichnung:
*Enaktiv:* Hier ist natürlich wenig Platz für eine Tafelzeichnung, da ja nicht
der Gegenstand selbst, sondern sein Bild an der Tafel festgehalten werden
kann (Ausnahme: Geometrie). Die Tafelzeichnung ist hier also bestenfalls
als Hilfsmittel z.B. zur Erläuterung von Experimenten sinnvoll, beispielsweise den Versuchsaufbau betreffend (m 1).
*Ikonisch:* In diesem Bereich finden wir die meisten Tafelzeichnungen, oft
vermischt mit symbolischen oder symbolhaften Darstellungen, wovon hier
eine Auswahl aufgezeigt werden soll.
— Darstellung von Handlungsabläufen:
    Flußdiagramme (m 2),
    Baumdiagramme (m 3),
wobei es die Tafelzeichnung erlaubt, solche Abläufe auf den unterschiedlichen Abstraktionsebenen darzustellen (m 4, m 5).

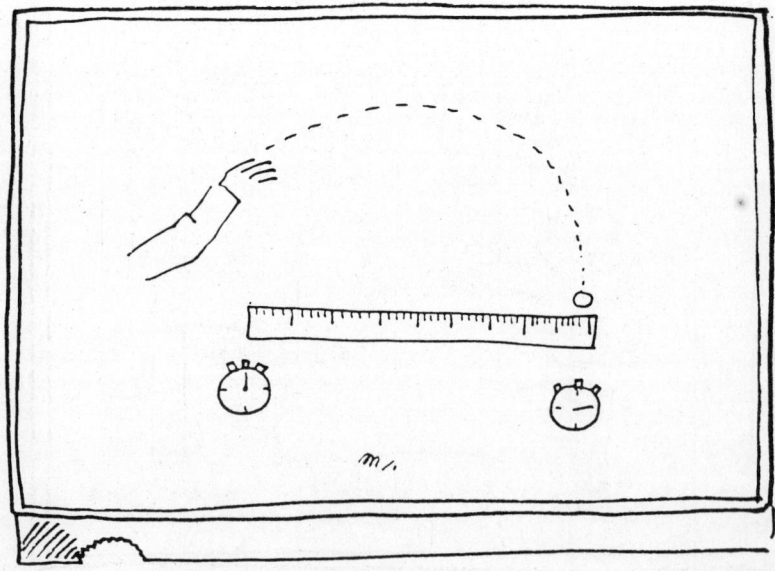

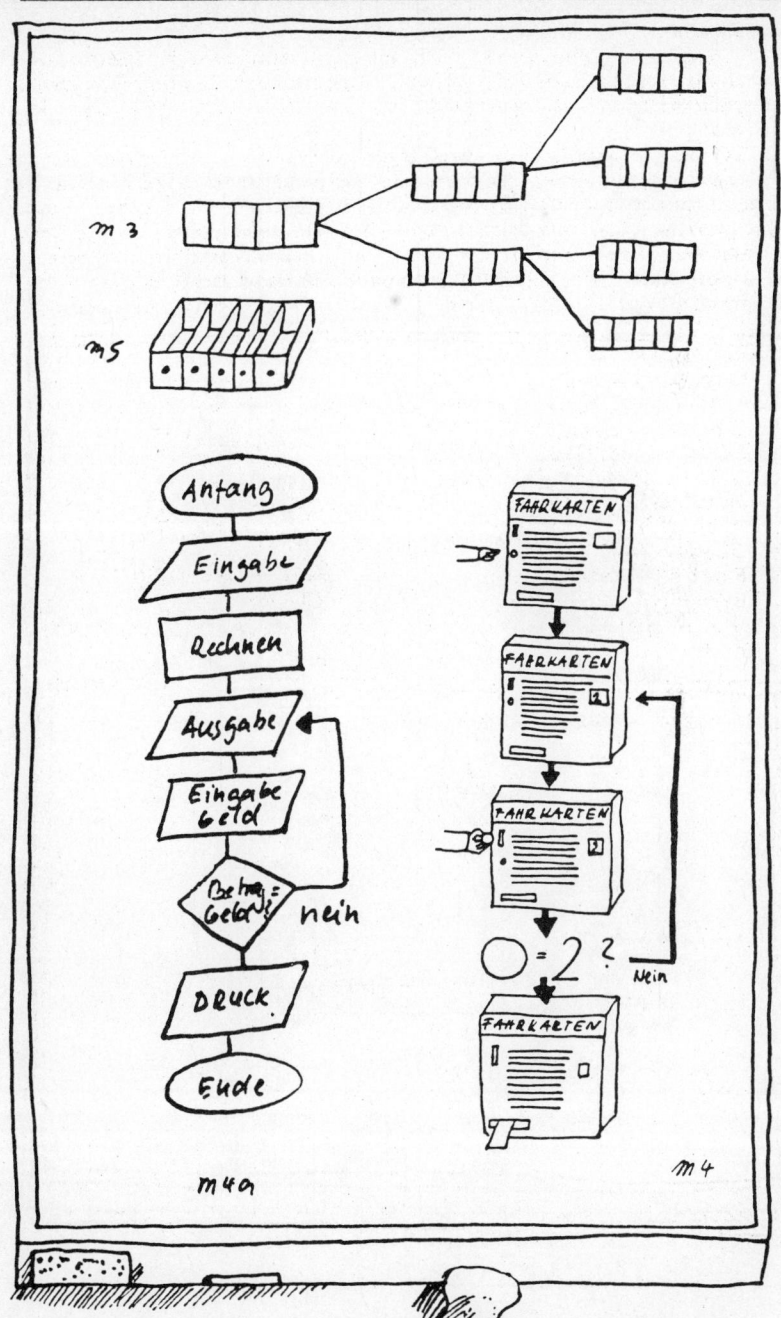

— Simultane Erfassung verschiedener Alternativen:
die Tafelzeichnung erlaubt es, nicht simultan ablaufende Handlungen simultan darzustellen, um sie so überblicken zu können. Beispiel: ein Carte-
sisches Produkt, auch auf verschiedenen Abstraktionsebenen möglich (m 6,
m 7).
— Stilisierte bildnerische Darstellungen, die die Struktur hervorheben:
Funktionen z.B. können nicht nur als mathematischer Begriff, sondern
auch als anschauliche Zuordnung dargestellt werden, wobei auch hier unterschiedliche Abstraktionsgrade und eine Differenzierung nach unterschiedlichen Typen möglich sind (m 8, m 12). Der Vorteil dieser Darstel-
lungsweise liegt darin, daß der dynamische Charakter der Funktion sichtbar gemacht wird.

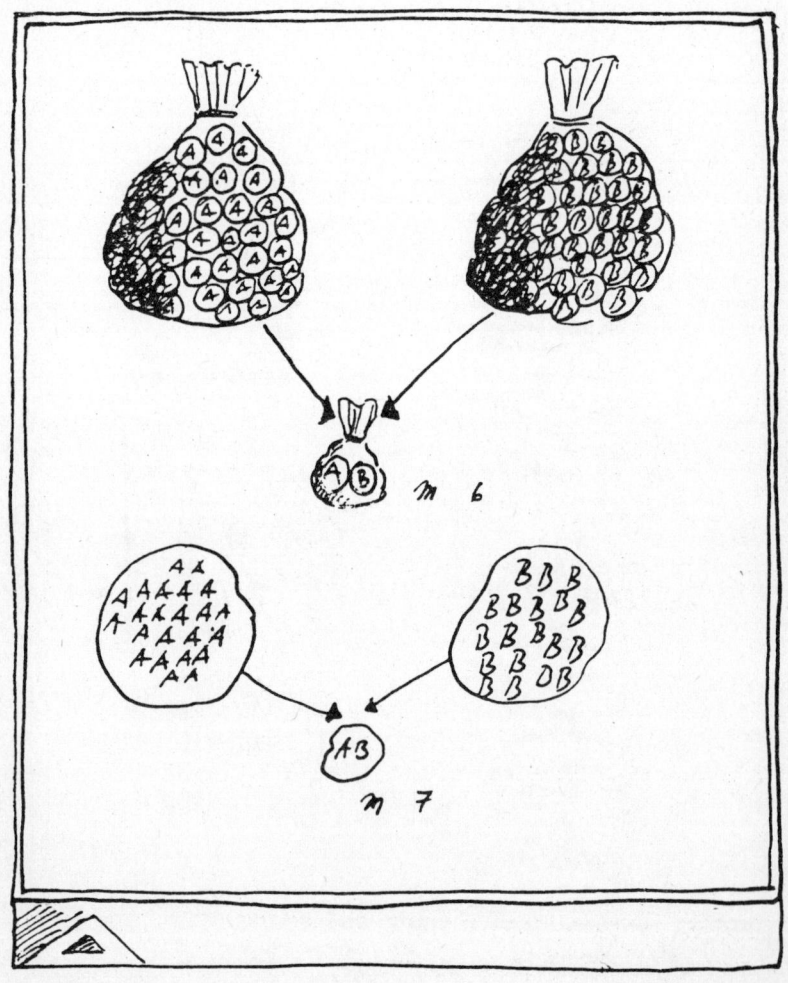

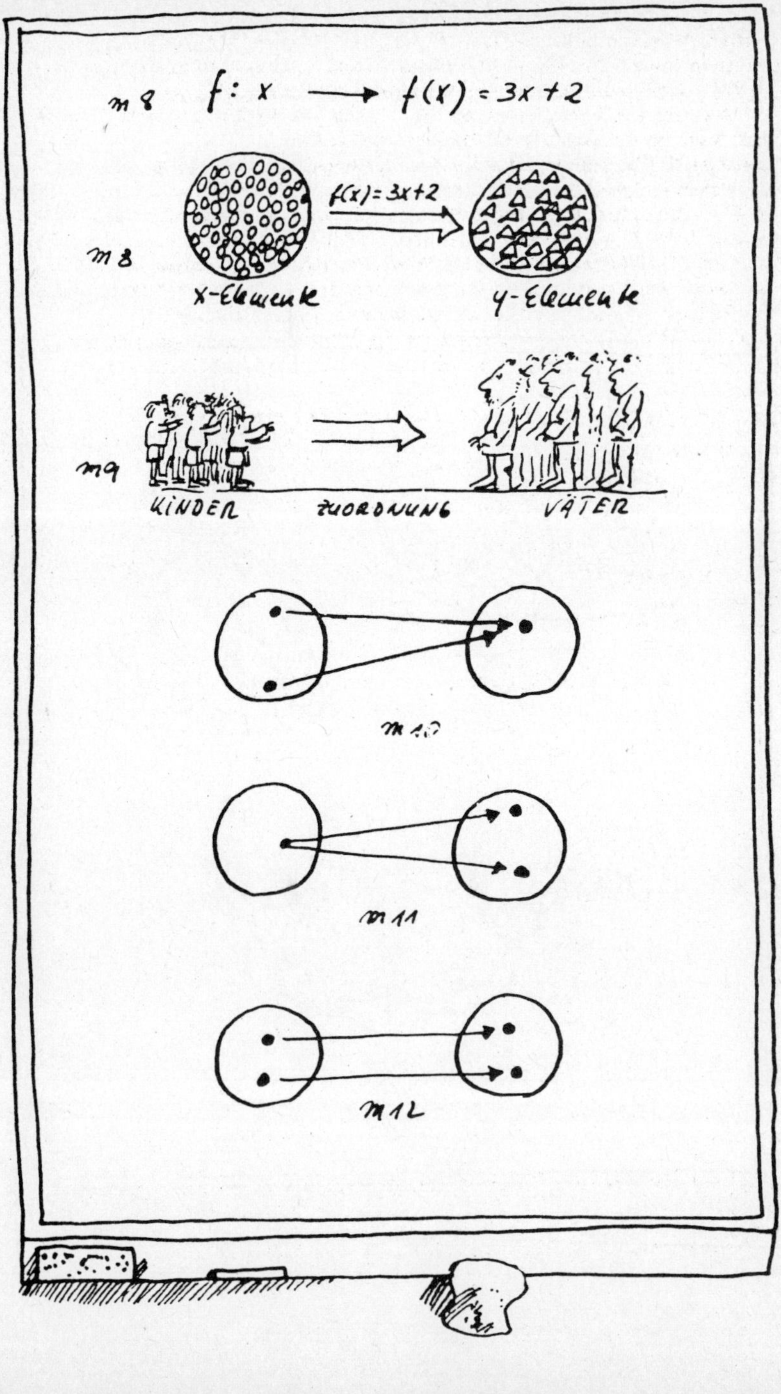

$$m\,8 \qquad f : x \longrightarrow f(x) = 3x + 2$$

m 8

$f(x) = 3x + 2$

x-Elemente          y-Elemente

m9

KINDER      ZUORDNUNG      VÄTER

m 10

m 11

m 12

Die Addition z.B. kann auf ähnliche Art und Weise veranschaulicht werden. Die symbolische Darstellung „2 + 3" ist auf der ikonischen Ebene z.B. so möglich (m 13). Ähnliches gilt für Darstellungen aus der Geometrie (m 14) und Operatorbildung und Rechenbäume (m 18).

— Als letzter Bereich sei der der Lösungsschemata aufgeführt, dem ja eine wichtige methodische Bedeutung zukommt. Dreisatzaufgaben beispielsweise (die ich noch nach dem Schema „Drei Ochsen haben zusammen 6 Hörner — wieviel Ochsen kommen auf ein Horn" gelernt habe) können in ihrer Struktur, z.B. in ihrem logischen Ansatz anschaulich verdeutlicht werden (m 15) — ebenfalls auf unterschiedlichen Abstraktionsebenen möglich (m 16). Weiteres Beispiel: das Hornersche Lösungsschema (m 17).

*Symbolische* Darstellungen unterscheiden sich wenig von denen anderer Fächer und sind deshalb hier nicht gesondert berücksichtigt.

$$3 \cdot a + 4 \cdot b$$

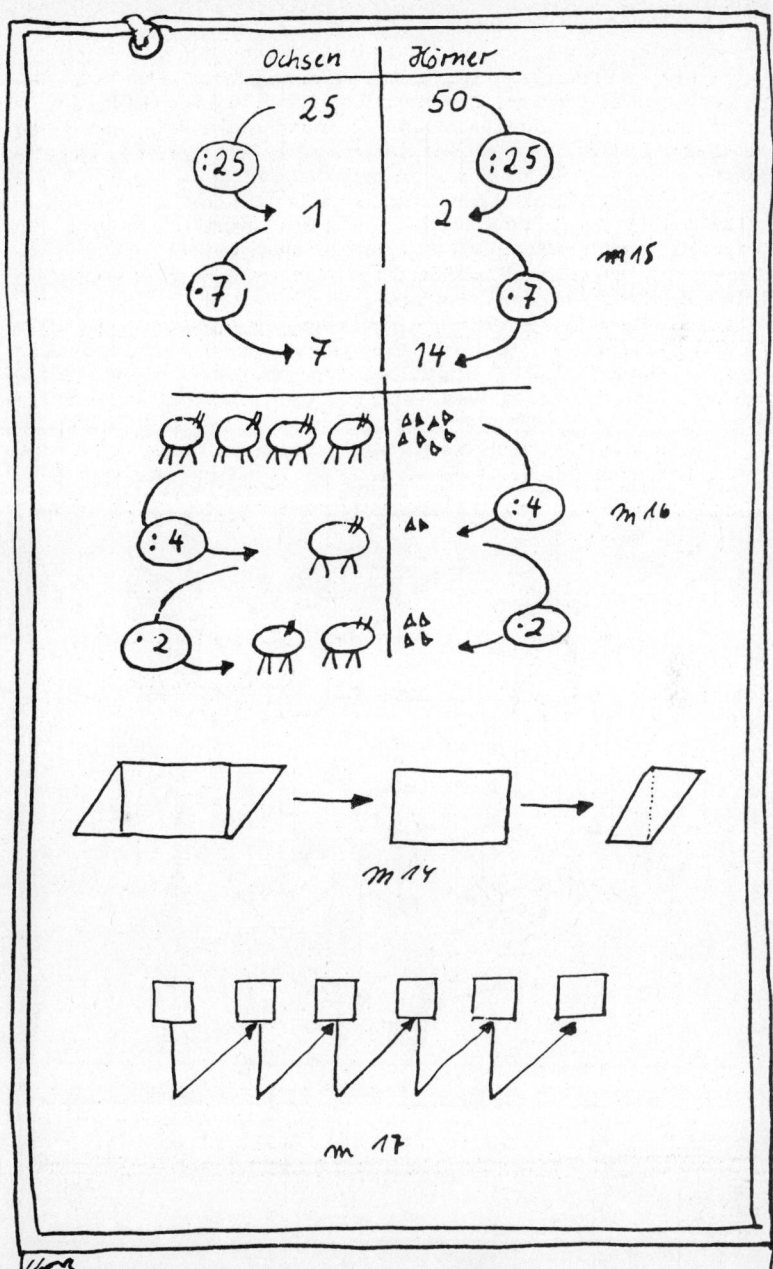

## Biologie

*Vorbemerkung*

Hier kann ich natürlich nicht empfehlen, die komplizierten Zeichnungen der Biologiebücher zu ersetzen, da sie nur unter den größten Schwierigkeiten auf die Tafel zu bringen sind. Die Geräte- und Aufbauzeichnungen sind ebenso wie die Diagramme und Statistiken im entsprechenden Kapitel nachzusehen.

Tafelzeichnungen sind in der Biologie häufig dann angebracht, wenn es um Reduktionen, weiterzuentwickelnde Schemazeichnungen oder um punktuelle Veranschaulichungen geht. Das sei am Beispiel der Zellbiologie erklärt

Für die Darstellung empfehlen sich
— standardisierte Typen der einfachen Zellen, die in verschiedenen Variationen zu zeichnen sind (b 1, b 2). Speziellere Zellen wird man nur dann darstellen können, wenn man sich eine Pappschablone zurechtschneidet, die dann auf die Tafel gelegt wird — auch ein dann weiter ausbaufähiger Typ (b 3).
— Punktuelle Veranschaulichungen sind z.B. bei den Zellschichten notwendig. Hier empfiehlt es sich, eine Ausschnittvergrößerung anzulegen (b 4).

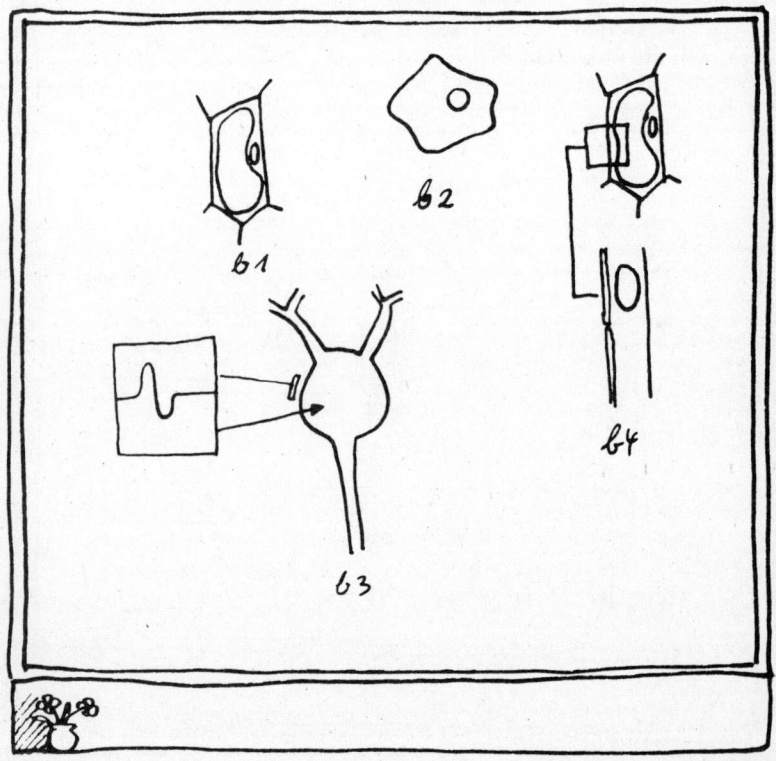

— Für das kompliziert zu zeichnende Blattgewebe kann man eine Vereinfachung ansetzen, die die strukturelle Beschaffenheit eines Gewebes klärt (setzt natürlich die Kenntnis der Blattstruktur voraus). (b 5, b 5a)
— Schnittzeichnungen sind nicht immer deutlich genug: hier kann man durch eine einfache räumliche Ergänzung den Abstraktionsgrad der Zeichnung „lindern" (b 6).

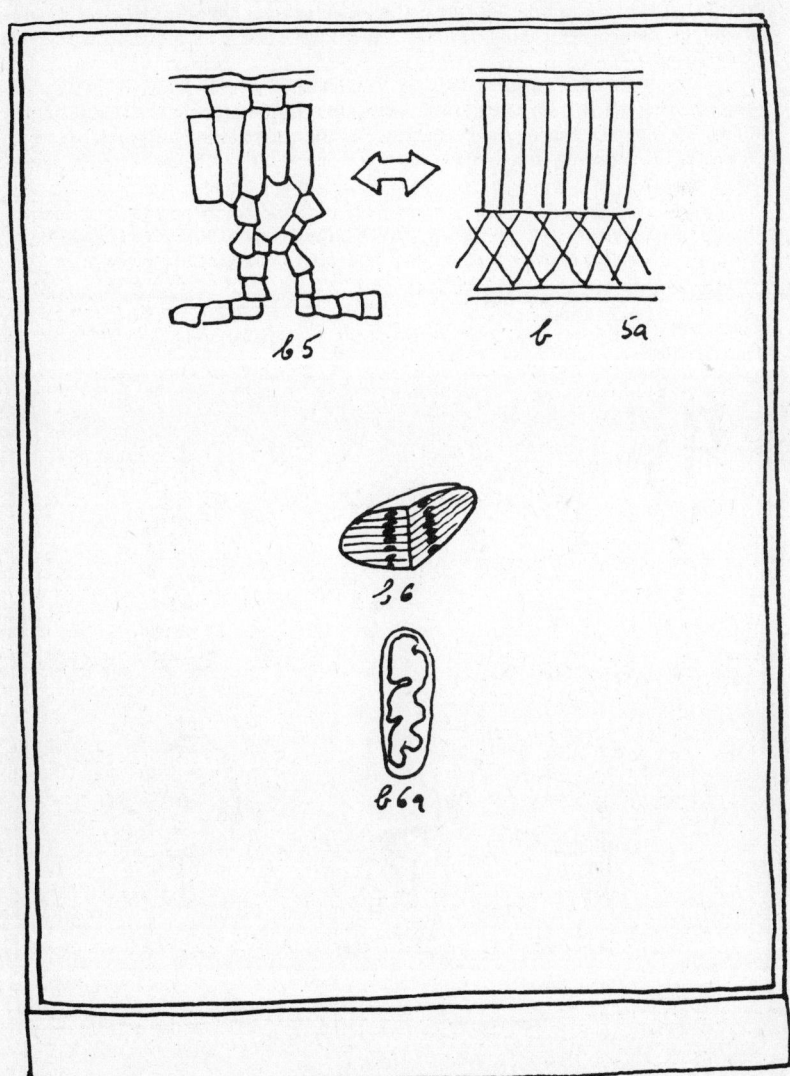

Weitere Mittel der Tafelzeichnung in der Biologie sind
—   die Verwendung von symbolhaften Elementen: z.B. bei der Darstellung
von Uferböschungen oder Seequerschnitten: die Vegetation kann hier durch
einfache Grundstrukturen (b 7 — b 18) dargestellt werden – eine Legende
am Tafelrand darf nicht fehlen;
—   die symbolische Darstellung von Abhängigkeiten: so sollten Flußdiagramme mit einheitlichen Nomenklaturen versehen sein wie z.B. + = gleich-
sinnige (je mehr desto mehr) und — = gegensätzliche (je mehr desto weniger)
(b 19);
—   die funktionelle Zuordnung von Farben, z.B. in der Genetik (Wunder-
blumen). Hier wird man gut beraten sein, die ,,Originalfarben'' zu benutzen;
—   die Vereinfachung einer Zeichnung für die Darstellung von Abläufen: z.
B. bei der Darstellung von Stoffwechsel im See (b 20) oder einer Pflanze zur
Darstellung des Stoffwechsels;
—   die Verwendung abstrakter Symbole, die auf die Funktion der einzelnen Teile hinweisen sollen, z.B. in der Molekulargenetik: hier soll z.B. das
Ineinanderpassen der Basen durch ,,Nut und Feder'' dargestellt werden. (b 21)

117

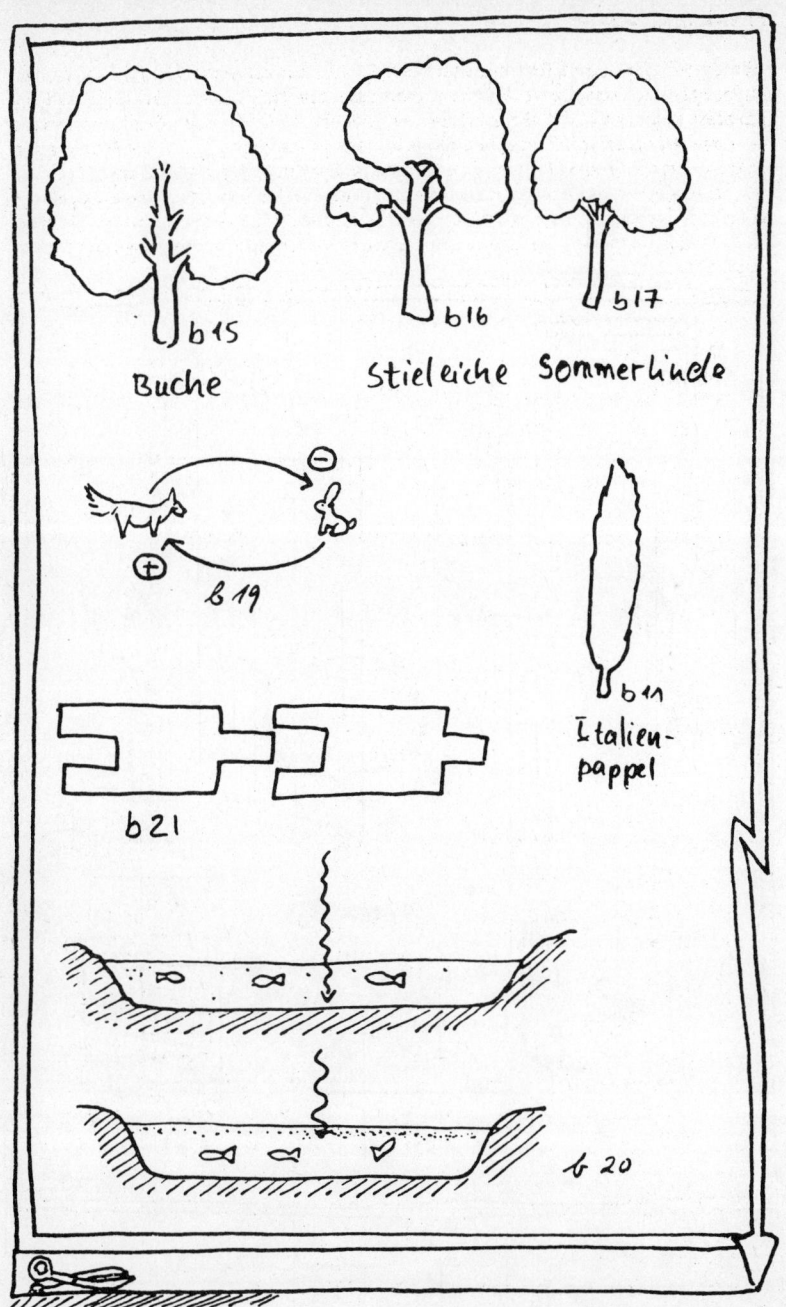

Buche

Stieleiche   Sommerlinde

b15   b16   b17

b19

b11
Italien-
pappel

b21

b20

## Physik und Chemie

Für den Physik- und Chemieunterricht ist es zunächst notwendig, Versuchsaufbauten nachzubilden. Ich habe deshalb eine Reihe von Geräten und Ap-
paraten gezeichnet. Wichtig erscheinen mir hierbei folgende Gesichtspunkte:
—  die Apparate sollten einheitlich wieder auftauchen, d.h., die Form sollte
in den verschiedenen Unterrichtsstunden nicht modifiziert werden;
—  für die einzelnen Apparate sollte eine jeweils unverwechselbare Form
gefunden werden, z.B. ein Voltmeter länglich, ein Amperemeter dagegen
quadratisch, Uhren rund usw., um dem Inhalt eine unverwechselbare Form
zuzuordnen (p 2 — p 20);

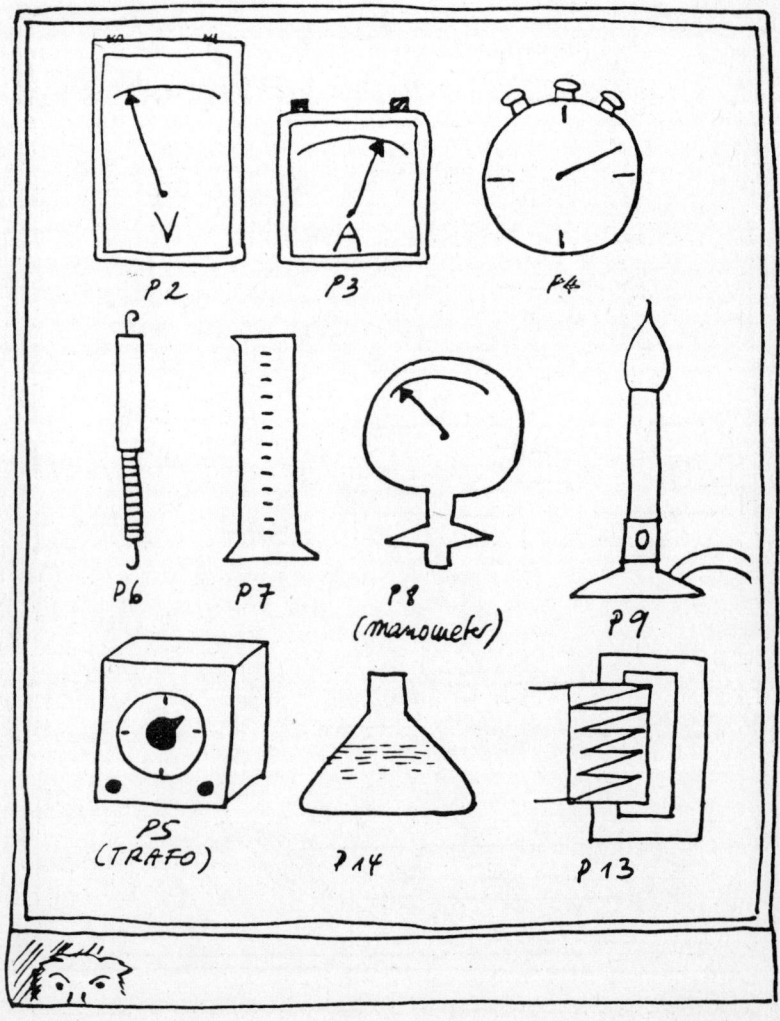

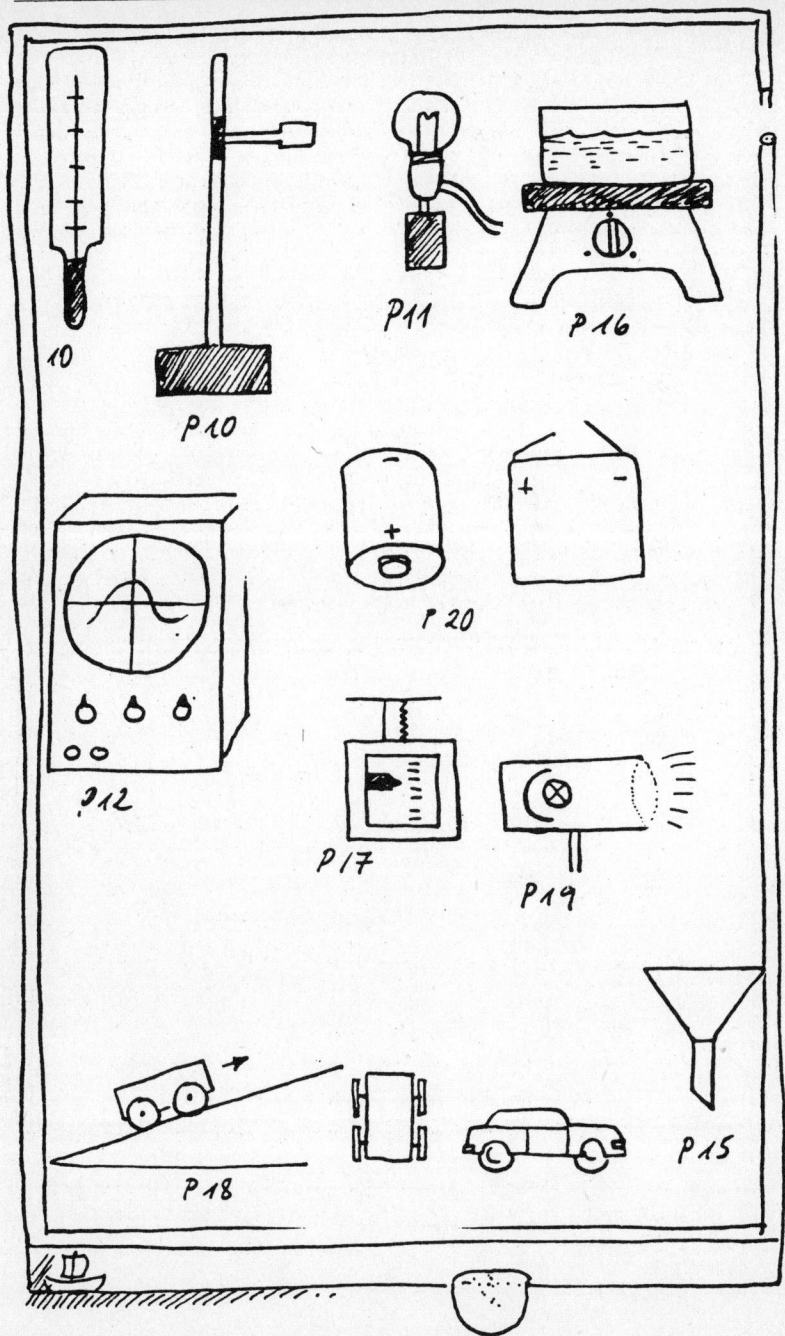

—   die wesentlichen Bestandteile der Apparate sollten (soweit funktional) auftauchen: z.B. die Anschlüsse der elektrischen Meßgeräte (p 21);
—   für chemische Apparaturen gelten ähnliche Überlegungen wie für den physikalischen Bereich. Auch hier gilt es, die wesentliche Form zu erkennen. Es ist also ratsam, die wesentlichen Strukturelemente der Geräte (wohl meist die Silhouette) besonders stark zu zeichnen, Binnenstrukturen z.B. nur soweit anzudeuten, als sie notwendig sind. So sollten die Ziffern eines Meßbechers nur dann festgehalten werden, wenn dies funktional ist, besser noch — soweit möglich — außerhalb des Geräts mit einem Verbindungspfeil (p 22).

Der „Zusammenbau" der Apparaturen an der Tafel sollte sich an folgenden Überlegungen ausrichten:
—   ein optisch richtiger, d.h. räumlich gezeichneter Aufbau ist in den wenigsten Fällen sinnvoll, da die Geräte einander überschneiden (p 23). Bei einem einfachen Versuchsaufbau ist es übersichtlich, die „Elemente" auf einer Ebene zu gruppieren, die Verbindungselemente wie z.B. Kabel können dann übersichtlich ober- bzw. unterhalb des Aufbaus plaziert werden. Wichtig erscheint mir in diesem Zusammenhang noch die Leserichtung von links nach rechts, die im Tafelbild gemeinhin mit der zeitlichen Abfolge gleichgesetzt wird — ein wichtiger Aspekt z.B. bei chemischen Versuchen (p 24). Eine entscheidende Bedeutung kommt den „Strömen" (z.B. Flußrichtungen) und Funktionen zu. Sie müssen von daher z.B. mit stärkeren Kreidestrichen, Schraffuren oder farbiger Kreide markiert werden (p 89):

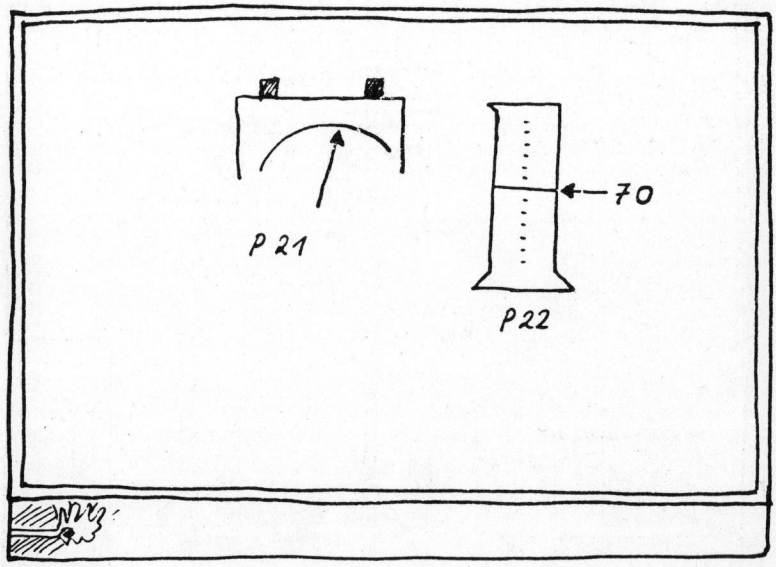

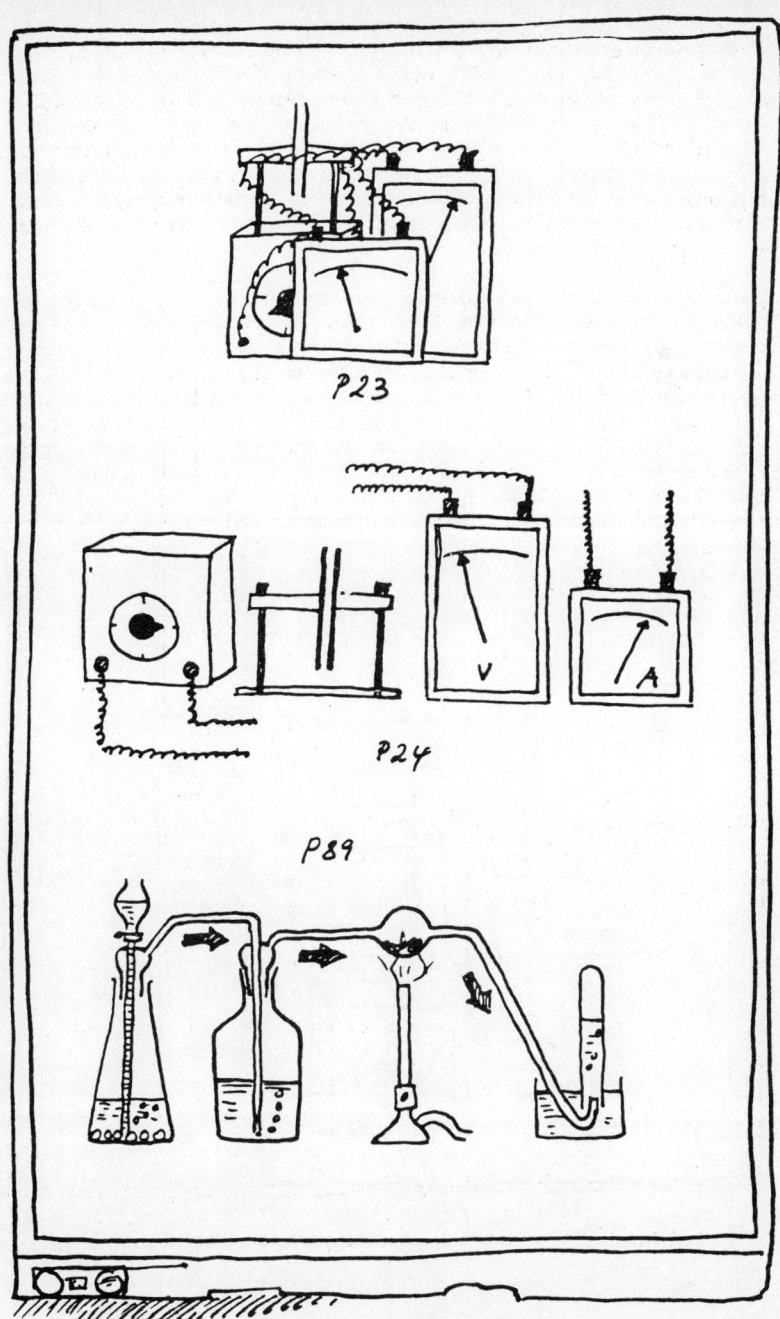

— kompliziertere Versuchsaufbauten sind sorgfältig zu planen. Hier kommt es meist darauf an, einen räumlich hintereinandergestaffelten Aufbau auf eine zweidimensionale Ebene zu bringen: Man verfährt am besten so, daß die wichtigsten Apparaturen ihrer Bedeutung entsprechend z.B. in der Mitte plaziert werden. Unterstützt werden kann dieses Element durch unterschiedliche Größenverhältnisse der einzelnen Geräte untereinander, z.B. nach Wichtigkeit. Auch hier spielt die Leserichtung eine wichtige Rolle. Man kann dieser Richtung folgen und die Struktur des Aufbaus durch farbige Kreide, zusammenfassende Elemente wie Einkreisungen usw. und Richtungspfeile unterstützen (p 25).

Darüberhinausgehend sind Darstellungen möglich, die komplexe Zusammenhänge erfassen. So kann eine Tafelzeichnung z.B. Bewegungen gewissermaßen in Zeitlupe bzw. Zeitraffer erfassen (p 26), Querschnitte aufzeigen (s. Diagramm-Kapitel) oder Systeme verdeutlichen. So können z.B. die Bewegungen eines Pendels in seinen einzelnen Phasen wiedergegeben werden (p 80), ähnlich Wurfbahnen usw. (p 81). Eine Art des veranschaulichenden „Querschnitts" ist in vielen Bereichen möglich, z.B. bei den Brechungsgesetzen. Hier ist man gut beraten, wenn man die einzelnen Elemente auf einer Ebene beläßt (p 82).

p25

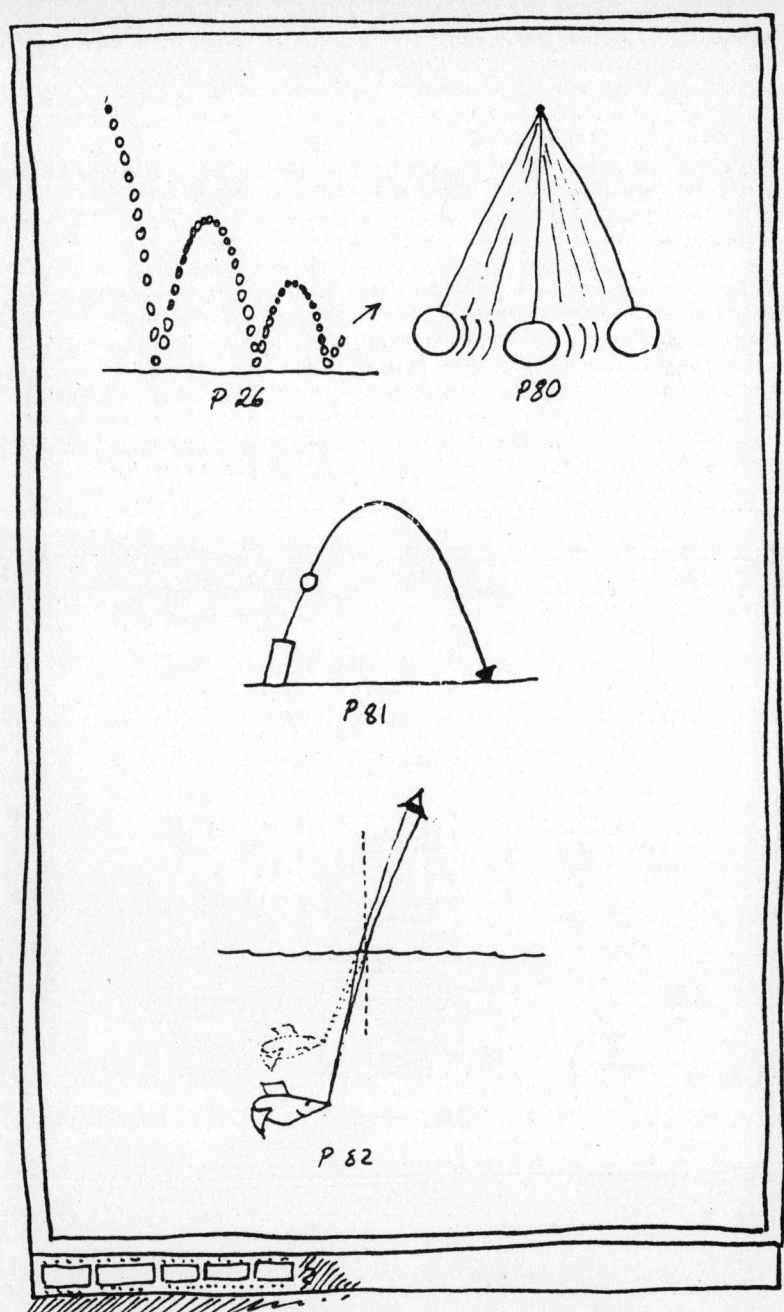

P 26

P 80

P 81

P 82

Als Beispiel für Systeme wähle ich Elemente aus der Elektrophysik: Der Stromkreislauf kann in einfacher Weise analog zum Wasserkreislauf verdeutlicht werden. Hier wähle ich zunächst die Grundform (p 83), in die einzelne Elemente gewissermaßen als Versatzstücke eingebaut werden, hier: ein Schalter (p 84), ein Verbraucher (p 85), ein Widerstand (p 86), eine Verzweigung (p 87). Auch die anschauliche Darstellung einzelner Elemente ist möglich. So kann ein Halbleiter als geteilter Kasten mit Stöpseln und Löchern dargestellt werden (p 88). Für die Chemie wähle ich ein Beispiel, bei dem die Grundprinzipien einer chemischen Reaktion dargestellt werden sollen, hier: die Einwirkung von Säure auf Metall, beispielsweise von Salzsäure auf Zink. Gleichzeitig soll dieses Beispiel zeigen, daß auch in solchen „abstrakten" Bereichen ein hoher Grad von Anschaulichkeit erreicht werden kann. Schüler können z.B. einen solchen chemischen Vorgang als Bildvorstellung immer wieder memorieren. Der Vorgang wird in zwei oder drei Phasen zerlegt. Das erste Bild zeigt die Kristallstruktur des Metalls, besonders hervorgehoben sind die „Verbindungsglieder", die Elektronen. Die heranschwimmenden $H^+$-Ionen, hier durch kleine Fische symbolisiert, nähern sich, beißen gewissermaßen ein Verbindungsglied ab und schweben vereint nach oben. Das Metall löst sich ab. Natürlich kann dieser Vorgang noch abstrahiert oder aber noch konkreter gezeigt werden (p 90).

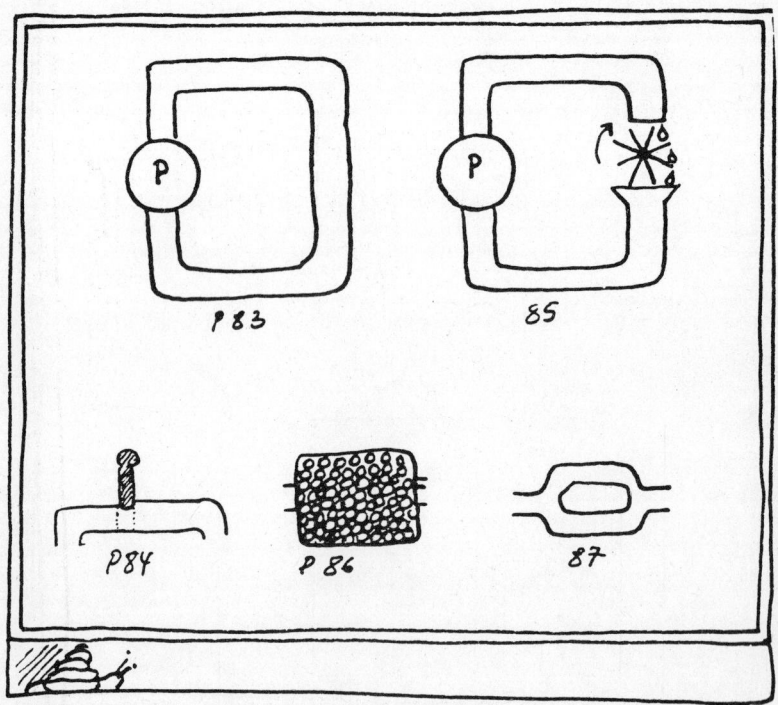

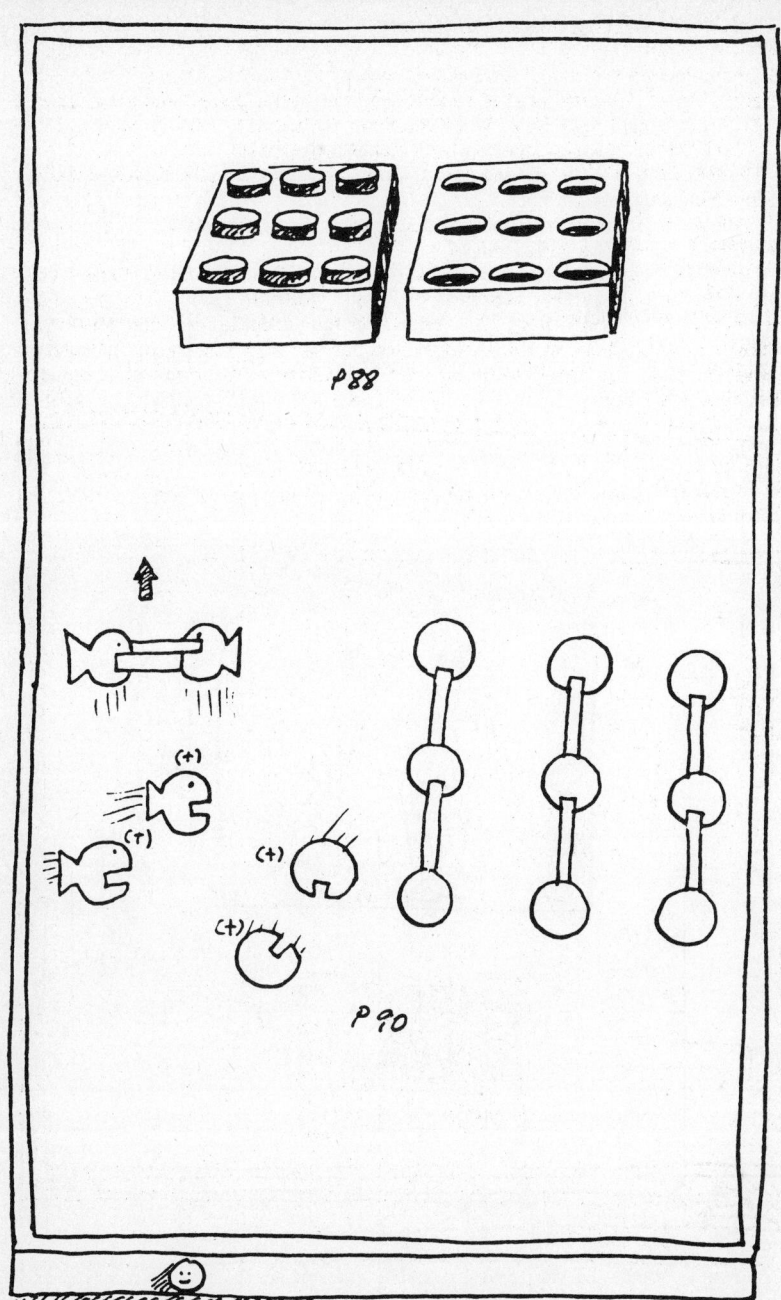

P 88

P 90

## Gemeinschaftskunde, Sozialwissenschaft

Auch in diesem Fach sind Tafelzeichnungen außerordentlich hilfreich, vor allem, wenn es darum geht, abstrakte Begriffe zu verdeutlichen (,,einfache'' Tafelzeichnungen sind dem ersten Teil zu entnehmen).

Ich gehe hier von folgenden Unterscheidungen aus:
— Begriffe, die zwar abstrakt sind, sich aber auf konkrete Dinge beziehen wie beispielsweise Familie;
— Begriffe, die Abstraktionen bezeichnen wie z.B. Modell;
— Relationen, Funktionen usw.

Bei der ersten Gruppe können die Abstraktionen auf ihre ,,materielle'' Grundlage zurückgeführt werden. Beispiele: Familie (g 1), Gruppe (g 3), Schicht (g 4), Konflikt (g 10). Hier kommt es darauf an, die Merkmale hervorzuheben, die von der Abstraktion als signifikant dargestellt werden. So ist es eben für die Familie wichtig, als Einheit (ökonomisch beispielsweise) zu erscheinen.

128

Bei der zweiten Gruppe kann man versuchen, die Abstraktion entweder in Analogie darzustellen oder aus einem „Environment" zu extrahieren. Beispiele: Modell (g 5), Berufswahl (g 6), Rolle (g 7), Erziehung (g 8), Bestrafung (g 9).

130

Entscheidend für diesen Bereich ist im ersten Fall die Wahl der richtigen Analogie. Hier kann man sich entweder mit den gängigen Symbolen behelfen (z.B. Waage, Adler (Macht — Hoheit), Baum (Leben), Geld (wirtschaftliche Güter) usw.), die bildnerischen Mittel benutzen, die ich im ersten Teil des Buches beschrieben habe (z.B. unterschiedliche Größenverhältnisse (g 15), gängige Analogien (g 16) oder einer „Umgebung", aus der sich die darzustellende Abstraktion ergibt. Im letzten Fall kommt es — ähnlich wie bei der ersten Gruppe — darauf an, die signifikanten Merkmale herauszuheben, die zur Bestimmung der Abstraktion notwendig sind. Das äußert sich oft in Gesten (g 10), Kleidung (g 11) und „Zubehör" (g 12).

Relationen oder Funktionen bewegen sich meist in einem sehr abstrakten Raum, da sie ihrerseits wieder auf Abstraktionen zurückgreifen. Ich wähle als Beispiel den Wirtschaftskreislauf, der folgendermaßen dargestellt werden kann (g 13) und die Darstellung von Bedürfnissen (g 14). Die aufzuzeigenden Objekte der Beziehungen und Funktionen können unterschiedlich dargestellt werden, nämlich z.B. mehr ikonisch oder mehr symbolisch. Weiter ist wichtig, daß die Form der Beziehung richtig charakterisiert wird, was ebenfalls in der oben dargestellten Art und Weise möglich ist.

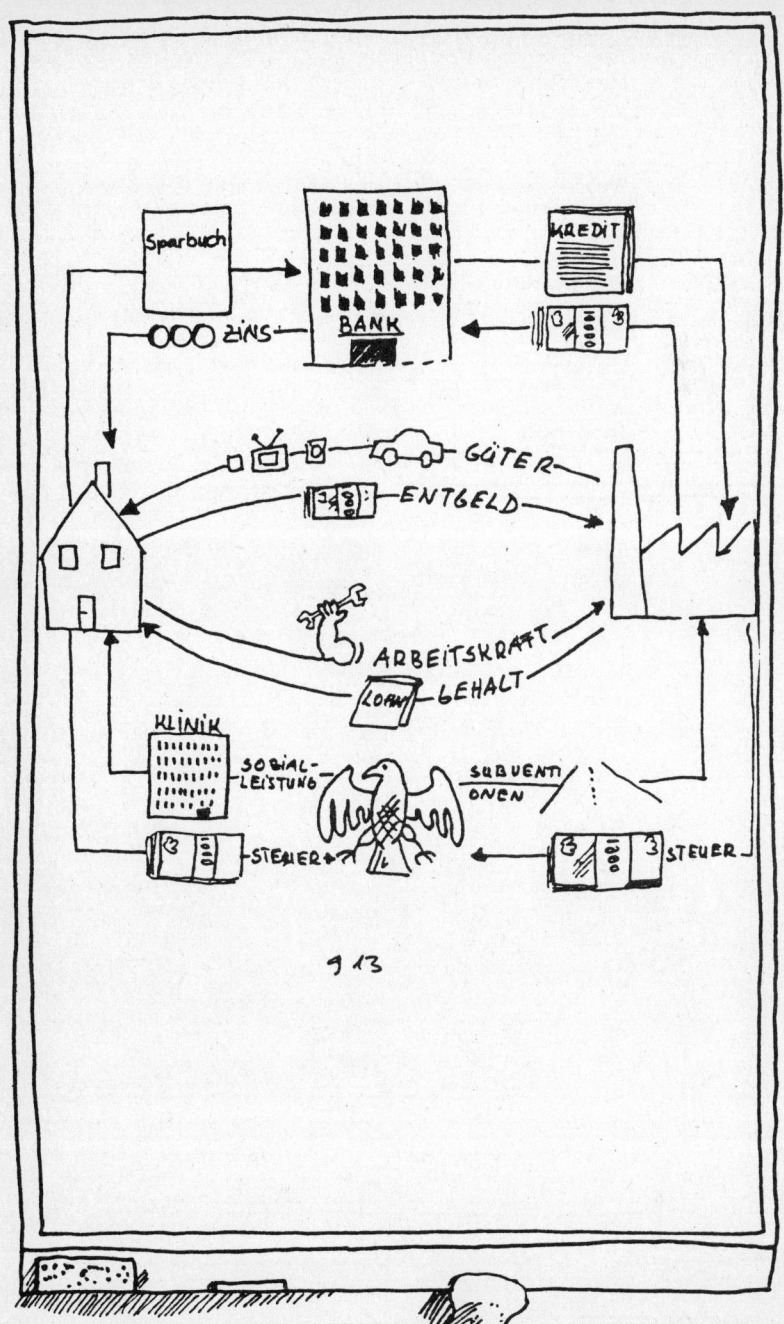

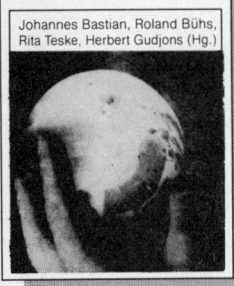

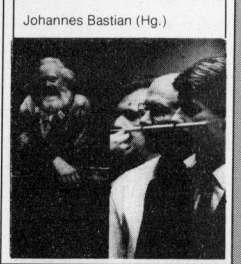

# Bestellcoupon

Ausfüllen und senden an **Buchhandel** oder:

**Bergmann + Helbig Verlag · Rothenbaumchaussee 11 · 2000 Hamburg 13 · ☎ (0 40) 45 45 83**

Hiermit bestelle ich

_____ Expl. Didaktische Theorien　　　　　　　　(ISBN 3-925836-00-4)

_____ Expl. Unterrichtsmethoden　　　　　　　　(ISBN 3-925836-01-2)

_____ Expl. Erziehungswissenschaftliche Theorien　(ISBN 3-925836-02-0)

_____ Expl. Psychische Erkrankungen in unserer Zeit　(ISBN 3-925836-03-9)

_____ Expl. Das Projektbuch　　　　　　　　　　(ISBN 3-925836-04-7)

_____ Expl. Tafelzeichnen kann man lernen　　　　(ISBN 3-925836-05-5)

_____ Expl. Schultheorien　　　　　　　　　　　(ISBN 3-925836-06-3)

_____ Expl. Tips für besseren Unterricht　　　　　(ISBN 3-925836-07-1)

_____ Expl. Vor der Klasse stehen　　　　　　　(ISBN 3-925836-08-X)

_____ Expl. Natur zum Anfassen　　　　　　　　(ISBN 3-925836-10-1)

_____ Expl. Zwischen Euphorie und Stagnation　　(ISBN 3-925836-09-8)

_____ Expl. 1968—1988　　　　　　　　　　　　(ISBN 3-925836-11-X)

_____ Expl. Was ist eine gute Schule?　　　　　　(ISBN 3-925836-12-8)

_____ Expl. Erziehungsziel Zweisprachigkeit　　　(ISBN 3-925836-13-6)

und bitte um Lieferung an folgende Anschrift:

_____

_____

_____

Datum　　　　　　　　Unterschrift

# BERGMANN+
# HELBIG
# VERLAG

Die Reihe **FORSCHUNG PÄDAGOGIK** publiziert neue Forschungsergebnisse für Erziehungs-wissenschaft und Erziehungspraxis.

Herausgegeben von Johannes Bastian, Herbert Gudjons, Klaus-Jürgen Tillmann.

In den Schulen der westeuropäischen Industrienationen ist es inzwischen üblich, daß Kinder vieler Sprachen und vieler Kulturen zusammenkommen. Die Bildungssysteme dieser Länder haben die Kinder, die nicht der Mehrheit angehören, formal den Inländerkindern gleichgestellt: es wurde ihnen ein gleiches Recht auf Bildung eingeräumt.

Gefragt wird, ob die Schulen der Einwanderungsländer den Verpflichtungen nachgekommen sind, die sie gegenüber den Kindern der Minderheiten haben.

Diese Frage wird exemplarisch anhand der Analyse von Maßnahmen zur schulischen Förderung der Zweisprachigkeit durch muttersprachlichen Unterricht geprüft.

Aufgedeckt wird dabei die Zielsetzung einer Erziehung zur Einsprachigkeit in den Schulen der westeuropäischen Nationalstaaten.

Zum Mittelpunkt des Buches stehen

— der Entwurf von Umrissen eines Bildungssystems, in dem in konsequenter Weise die Bildungsansprüche der Kinder aus ethnischen Minderheiten verwirklicht werden und

— die Praxis interkultureller Erziehung und sprachlicher Bildung in Modellversuchsschulen in Belgien, Dänemark, Frankreich und den Niederlanden — Beispiele aus der Schulpraxis, die auch Anregungen für den hiesigen Schulalltag bieten.

**ISBN 3-925 836-13-6**                **274 Seiten, 24,80 DM**

# BERGMANN+ HELBIG VERLAG